CAMMINAVANO CON GESÙ

Di DOLORES CANNON

Biblioteca Congress Cataloging-in-Publication data

Cannon, Dolores 1931-2014
They walked with Jesus di Dolores Cannon
Seguito di : *Jesus and the Essenes*
Ulteriori resoconti di testimonianze delle parti mancanti della vita di
Gesù Le informazioni sono state ottenute attrverso l'ipnosi regressiva,
condotta da Dolores Cannon, Include Bibliografia

1 Gesù. 2 Storia: La Terra Santa. 3 Ipnosi. 4 Reincarnazione
I Cannon Dolores, 1931-2014 II Titolo

Biblioteca Congress Catalog Numero:2020952651
ISBN:978-1-950608-19-5

Traduzione di: Lorella Sardo
Design di Copertina :Broadaway Printing & Travis Garrison
Design del libro : Nancy Vernon
Font del Libro: New Times Roman

Pubblicato da

OZARK
MOUNTAIN
PUBLISHING

P.O. Box 754
Huntsville, AR 72740
WWW:OZARKMT:COM

CONTENUTI

Elenco delle Illustrazioni

CAPITOLO I
SCOPRENDO CHI HA
INCONTRATO GESÙ

Il mio lavoro come ipnoterapeuta, specializzandomi in reincarnazione e terapia delle vite passate, mi ha condotto attraverso situazioni strane e sentieri disorientanti. Mi ha permesso di sbirciare negli angoli nascosti della mente subconscia dove l'ignoto giace avvolto nelle nebbie del tempo. Ho scoperto che l'intera storia dell'umanità è registrata nelle menti delle persone che vivono oggi, e se queste memorie rimanessero indisturbate, continuerebbero a rimanere dormienti ed inesplorate. Eppure circostanze create dal nostro febbrile mondo moderno hanno fatto sì che queste memorie si aprissero un varco, sovente non invitate, poiché influenzano le vite presenti in modi spesso inspiegabili.

Ora la terapia delle vite passate viene usata come mezzo per aiutare a risolvere problemi e molte più di queste memorie stanno emergendo rispetto a prima. Le persone, forse per la prima volta si sono permesse di riconoscere che i corpi in cui vivono e le memorie della loro vita attuale non sono la somma totale dell'essere umano. Essi sono molto più di ciò che vedono allo specchio e di ciò che consciamente ricordano. Ci sono profondità non scandagliate che hanno solo cominciato ad essere sondate.

Da quando ho iniziato il mio lavoro nel 1979, ho riscontrato che apparentemente tutti noi abbiamo delle memorie di molte vite passate che giacciono dormienti nel nostro subconscio.
Finché funzioniamo in maniera soddisfacente nei nostri normali stati di veglia, non è importante esplorare queste memorie. Io credo che la più importante delle vite sia quella in cui siamo coinvolti al presente e questo è il nostro scopo per esistere al

mondo in questo momento. Dobbiamo sforzarci di vivere questa vita nel modo migliore.

Molte persone discutono se la reincarnazione sia una verità. E, se hanno vissuto innumerevoli altre vite, come mai non le ricordano? Il subconscio può essere paragonato ad una macchina, un registratore, un computer altamente avanzato. Nella nostra vita quotidiana siamo costantemente bombardati da milioni di minuscole e ordinarie informazioni: ciò che vediamo, gli odori, i suoni, le percezioni sensoriali. Se tutte queste informazioni fossero permesse attraverso la nostra mente conscia, non potremmo funzionare, saremmo totalmente sopraffatti. Perciò il subconscio agisce come un filtro ed un guardiano, ci permette di concentrarci sull'informazione che abbiamo bisogno allo scopo di vivere e funzionare nella nostra società.

Ma è importante ricordare che tutti gli altri dati che sono stati raccolti sono ancora lì nella memoria del computer. Non si perdono mai, sono immagazzinati da un subconscio di tipo avaro. Chissà perché? È tutto lì e può essere attinto. Se una persona in questa vita fosse messa in regressione alla festa del suo dodicesimo compleanno, ricorderebbe ed effettivamente rivivrebbe l'intero episodio. Si ricorderebbe il nome di tutti gli altri bambini presenti, e se gli fosse richiesto, sarebbe persino in grado di descrivere in dettaglio il cibo, i regali, gli arredi e la carta da parati. Queste sono alcune delle informazioni ordinarie che sono state raccolte con il ricordo della festa di compleanno. Un film completo ed una biblioteca video esiste nella mente per ricreare la scena nei minimi dettagli. Ogni singolo giorno ed evento della nostra vita è simultaneamente registrato e vi si può accedere se necessario.

Così se tutta la nostra vita presente è disponibile al subconscio, anche tutte le nostre precedenti vite passate sono anch'esse là per essere accessibili. Mi piace paragonarlo ad una gigantesca video biblioteca: noi chiediamo al nostro subconscio di tirare fuori su videocassetta una adeguata vita passata e di inserirla nella macchina della memoria. Se ci rendiamo conto dell'enormità di questa banca di memoria, possiamo capire perché non sarebbe saggio – sarebbe dannoso – che tutte quelle memorie fossero presenti nel nostro stato di veglia quotidiano. Saremmo sopraffatti. Sarebbe estremamente difficile funzionare se altre scene e precedenti relazioni karmiche filtrassero costantemente e si sovrapponessero alle nostre vite ora.

Perciò il subconscio è selettivo nel permetterci di focalizzare ciò che è più essenziale per vivere nella nostra situazione ed ambiente presenti. Occasionalmente problemi possono sorgere quando le precedenti vite passate influenzano la vita attuale. Circostanze specifiche possono agire da grilletto e portare la memoria di una vita passata bruscamente in primo piano. Questo è il ruolo della terapia delle vite passate: aiutare a scoprire gli schemi che sono stati creati, o trattare il karma irrisolto che viene portato avanti e (spesso negativamente) interferisce con gli affari quotidiani.

Molte delle persone, con cui sia io che altri terapeuti regressivi abbiamo lavorato, hanno ricevuto anni di aiuto professionale (fisico e mentale) senza trovare le risposte che avevano bisogno. Le relazioni inquietanti con gli altri, che non hanno spiegazione in questa vita, possono spesso essere ricondotte ad eventi traumatici ed intensi di altre vite. Un'avversione verso la polvere e i cani era, per esempio, riconducibile ad una vita di povertà quando il soggetto, vivendo nel deserto, doveva combattere contro i cani per proteggere lo scarso fornimento di cibo. Le origini di malesseri fisici che persistono e resistono alle cure convenzionali si possono spesso trovare in altre vite passate. La lunga storia di un paziente con forti dolori al collo fu ricondotta a due morti violente: una per ghigliottina ed un'altra per mezzo di un tomahawk, di un indiano pellerossa, conficcato nel retro del collo. Un giovane studente del college non riusciva a completare le sue lezioni a causa di forti dolori addominali che insorgevano durante momenti di stress. Tutto ciò fu ricondotto indietro a diverse vite dove la morte implicava un trauma in quella parte del corpo: morte per spada, per essere stato investito da una carrozza, perché colpito da arma da fuoco e così via. La bulimia compulsiva e l'eccesso di peso possono spesso risultare da memorie sospese per morte di fame o per aver causato ad altri la morte per fame. Quest'ultimo caso creava il bisogno di pagamento dei debiti karmici.

Una donna che desiderava avere un bambino, ma aveva aborti, scoprì di essere morta durante la sua nascita in una vita passata. Poiché il subconscio non riconosce il concetto di tempo, esso pensa di svolgere il suo lavoro di protezione non permettendo che ciò accada di nuovo. Il suo metodo, nel caso della donna che aveva aborti, era per evitare ulteriori gravidanze. In tali casi la terapia

3

implica di dover lavorare direttamente con il Subconscio e convincerlo che il corpo che aveva i problemi fisici non esiste più, e che il corpo presente è perfettamente sano. Una volta che si rende conto della differenza, e che la personalità presente non è a rischio, i problemi vengono risolti velocemente.

Alcune volte la risposta si può trovare in una singola vita passata. Altre volte la causa è più complessa, perché uno schema è stato formato attraverso la ripetizione che si allarga in parecchie vite. È importante evidenziare che, come tutta la terapia, il lavoro sulla vita passata non è una cura magica per tutto. Una volta che si scoprono gli indizi, la personalità presente deve comunque utilizzarli come strumenti ed incorporare l'informazione nella vita presente. Quando una persona applica la conoscenza e tutte le elaborazioni nella vita presente, i risultati possono essere sia sorprendenti che soddisfacenti.

Negli anni in cui ho lavorato con centinaia e centinaia di soggetti su una miriade di argomenti, ci sono stati occasionalmente dei casi interessanti che hanno richiesto più studio. Comunque, la grande maggioranza dei casi ha avuto a che fare con vite passate che si potrebbero considerare ordinarie e monotone. Potrebbe sembrare che nulla di interessante accadesse in loro. Ma questi sono esattamente il tipo di casi che aggiungono validità alla regressione di una vita passata. Se ad un certo momento, in una vita futura, chiunque di noi regredisse a questa vita attuale, tornerebbe probabilmente a scene ordinarie e noiose perché la vita è così. Pochi di noi sono abbastanza importanti o fanno qualcosa di abbastanza sensazionale da avere il proprio nome sui giornali o nelle notizie alla TV. Ci sono molte più persone comuni che famose al mondo.

Sebbene io possa considerare una regressione come tranquilla o ordinaria, la cosa importante è che aiuti il soggetto a trovare ciò che sta cercando. Molte volte dopo una sessione del genere, pensavo che il soggetto ne uscisse deluso. Rimanevo sorpresa quando invece mi dicevano che la memoria era stata di estrema importanza per loro e spiegava qualcosa che avevano sempre voluto sapere. Perciò io non sono quella che può giudicare quali sono le memorie importanti ed utili come strumento terapeutico. Questo genere di innumerevoli regressioni ordinarie sono la norma, e non se ne scriverebbe mai a meno che non fossero un accumulo di tipi di vite oppure una versione condensata della storia attraverso il racconto di diverse persone che vivevano nello stesso periodo di tempo.

I miei libri derivano dalla selezione di pochi casi quando sono stata abbastanza fortunata da lavorare con un soggetto cui capitava di vivere in un tempo importante della storia, oppure era collegato ad un importante personaggio. Non ho ancora scoperto un Napoleone o una Cleopatra, e non me lo aspetto. Le possibilità sono più probabili quando si tratta di trovare una vita dove il soggetto era associato con Napoleone o Cleopatra. In tal caso ci si dovrebbe focalizzare sulle loro personali memorie a proposito di quella famosa persona ma non si potrebbero ottenere ulteriori dettagli. Anche se alla persona fosse capitato di vivere durante un importante evento storico, loro direbbero ciò che personalmente sapevano. Per esempio il contadino non era al corrente dei dettagli conosciuti dal re di un paese, e viceversa. La storia verrebbe sempre raccontata dal loro unico punto di vista. Qualsiasi altra cosa sarebbe subito riconosciuta come fantasia.

Quando scrissi "Gesù e gli Esseni" non avrei mai pensato di incontrare un altro soggetto che conoscesse dettagli personali sul Cristo- quel libro trattava la storia attraverso il racconto di uno degli insegnanti Esseni di Gesù a Qumran. Successe quando mandai in regressione una ragazza a quel periodo, facendo quindi la sorprendente scoperta. La ragazza non aveva nemmeno completato le scuole superiori e questo rendeva i dettagli storici giudaici e i dati teologici persino più importanti, poiché non aveva modo di mettere assieme queste informazioni attraverso la sua formazione educativa. Ma quel caso era un'opportunità che si presenta una sola volta nella vita. Questo fu il motivo per cui trascorsi così tanto tempo a cercare di ottenere più dettagli possibili. Perciò l'idea di incontrare un altro soggetto che era vissuto nello stesso periodo e che era anche collegato con Gesù era remota.

Ho fatto regressioni con soggetti che avevano vissuto a quell' epoca e in quella zona, ma raccontavano vite normali quali un soldato romano, o una persona che viveva a Gerusalemme, o qualcuno che vendeva merci al mercato. Loro non menzionarono Gesù, anche se probabilmente vivevano vicino a lui. Questo aggiunge valore alle mie scoperte perché dimostra che le persone non sono propense a provare il desiderio di essere collegati con Gesù. Quando l'opportunità era loro data, raccontavano la propria particolare storia. È probabilmente vero che nel mondo c'è un gran gruppo di persone che ha avuto una vita passata con Gesù e che trasporta questa memoria racchiusa nel proprio subconscio. Ma quali erano le probabilità di incontrarne più di uno nel mio lavoro di ipnosi regressiva? Direi che le probabilità erano giustificatamente minime. Non mi aspettavo che capitasse di nuovo dopo la mia esperienza con Katie ed il relativo libro nel 1985.

Ho lavorato però con una donna che era così convinta di essere vissuta a quell' epoca, che cercò di immaginare una memoria sotto ipnosi. Non credo che cercasse di ingannare o avesse altri motivi. Lei semplicemente credeva fermamente di essere stata Elisabetta, la madre di Giovanni Battista, e nessuno riusciva a convincerla del contrario. Voleva una regressione per provare questo a se stessa e alla sua famiglia che invece era scettica. Acconsentii a fare una regressione ad una vita passata con lei, ma non ero a mio agio, e perciò ero ancora più attenta e accurata nel monitorare il soggetto. Non appena entrò in trance, incominciò a descrivere il territorio della Terra Santa, e le sue connessioni con Giovanni e Gesù. Si commosse molto quando parlò dell'arresto di Giovanni e della sua imminente morte. Ci furono parecchie cose che immediatamente palesarono che era immaginazione. Quando incominciai a fare domande di indagine, non riusciva a rispondere. Si atteneva strettamente alla versione biblica e non se ne staccava. In altre parole, non sapeva rispondere ad alcuna domanda che non fosse in relazione o disponibile attraverso la lettura della Bibbia.

Un altro indizio era il comportamento del suo corpo. In una normale trance il soggetto rimane disteso quasi inerte, mentre la respirazione e il tono muscolare cambia ed aumenta la REM (Rapid Eye Movement). Questi sono segni che vengono notati dall' ipnoterapeuta e vengono monitorati per determinare la profondità della trance ed anche per avvisare di qualsiasi segno di trauma. Questa donna non era tranquilla, il suo corpo mostrava segni di agitazione. Contorceva costantemente le mani, il suo respiro era irregolare, ed il movimento degli occhi non era corretto. Il suo intero comportamento mostrava angoscia. Dopo mezz'ora, durante la quale io usavo costantemente tecniche di approfondimento, lei fece ciò che io chiamo il "salto della rana". Lei saltò dalla scena che stava descrivendo ad una scena relativa ad un'altra vita. Questa volta era un prete italiano di una piccola parrocchia. Il suo corpo si rilassò ed una regressione ordinaria e normale ne conseguì. Raccontò la storia di un prete non integrato ed infelice per il destino che la vita gli aveva assegnato. Anch' io mi rilassai poiché sapevo che eravamo nuovamente su terreno fermo. Era ovvio ciò che era accaduto. Il suo subconscio cercava di soddisfare un suo desiderio e fantasticava una vita passata con Giovanni e Gesù, ma quando la trance divenne più profonda non riuscì più a reggere la finzione e venne alla luce una regressione normale.

Un'altra cosa accadde durante quella sessione, che è capitata in rare occasioni. Durante la fittizia regressione sentivo un'incredibile energia che emanava dal suo corpo. Quando ciò avviene si percepisce come calore, e crea un effetto di risucchio sul mio corpo. È molto disagevole e disturba il mio controllo e la concentrazione sulle domande. Spesso, se posso, mi sposto dal soggetto (alcuni passi sono sufficienti) fino a che la sensazione si abbassa. Questa volta con il flusso di energia della donna che disturbava, notai che il registratore aveva smesso di funzionare. Mentre continuavo a porre domande al soggetto, cercai di fare qualcosa con questa necessità meccanica del mio lavoro. Quando lo aprii trovai che il nastro era accartocciato e avvolto attorno alla bobina. Tirai fuori una lunga striscia di nastro sciupato. Inserii un altro nastro e continuai la sessione. Quando entrò nella regressione normale del prete italiano, il registratore funzionò perfettamente. Come ho detto questo è successo in rare occasioni, ed erano solitamente casi che implicavano grande tensione o ansia del soggetto. Poteva il campo energetico, che io peraltro sentivo, influenzare in qualche modo il registratore? Ho anche avuto dei casi dove interferenze o rumori cancellavano le voci sul nastro sovrapponendosi ad esse. Credo che accada molto di più durante una regressione ad una vita passata di quanto si pensi. Sembra ci siano forze invisibili presenti che emanano dalle persone coinvolte che possono influenzare il macchinario, specialmente qualcosa sensibile come un registratore.

Quando la donna si svegliò dalla trance, era totalmente assorbita dalla sua (ipotetica) memoria di una vita con Gesù. Lei pensò che questa era una prova e non si curò dell'altra vita come prete. Fu quasi sconvolta quando le dissi che la parte registrata di quella porzione era stata rovinata. A parte il nastro accartocciato, le rotelline si erano bloccate e il nastro non poteva essere riavvolto. Mi pregò di ripararlo in qualche modo perché doveva averlo. Era la cosa più importante della sua vita. Questo era un altro indizio che il ricordo non era reale, perché una regressione valida non comporta questo tipo di reazione. Il soggetto normalmente rifiuta che l'esperienza sia reale, dicendo che probabilmente l'ha letto da qualche parte o l'ha visto in un film o in televisione. Il rifiuto è la prima reazione, ed è normale per loro dire, "Oh, probabilmente ho inventato tutto". Credo che questo sia il metodo della mente conscia di trattare qualcosa di così insolito ed alieno al proprio modo di pensare. E le vite passate sono sicuramente estranee al modo di pensare mediamente umano. Perciò con questo caso ho sperimentato un innocente tentativo del soggetto di fantasticare una vita che in qualche modo soddisfaceva il suo desiderio di essere vissuta con questi importanti personaggi storici. Fu inoltre un ulteriore prova per me che questi casi non possono essere falsificati.

Quindi non mi aspettavo di trovare un altro soggetto che fosse vissuto all'epoca di Cristo, e se capitava, l'esperienza avuta mi avrebbe reso fortemente sospettosa. Ma queste cose sembrano essere nelle mani di altri, oltre che di noi semplici mortali. I casi che io sono portata ad esplorare sembrano venire da fonti più alte che sono certamente al di là del mio controllo. Durante il 1986 e 1987, mentre ero faticosamente coinvolta nel materiale riguardo Nostradamus (riportato nella mia Trilogia Conversazioni con Nostradamus), ebbi due soggetti che spontaneamente regredirono a questo periodo storico, ed il mio interesse fu nuovamente catturato. Mi sono spesso domandata quali siano le probabilità di ciò, ma ho imparato a non fare domande sulle motivazioni, poiché sembra che io sia portata inspiegabilmente ai casi di cui devo relazionare.

Questo libro è la storia di incontri separati di due donne con Gesù in una vita passata. I loro ricordi aggiungono pezzi importanti alla storia dimenticata e distorta che è giunta a noi attraverso il tempo. Ci aiuta a comprendere meglio e apprezzare questo Gesù, che era prima di tutto un uomo ed un essere umano con sentimenti ed emozioni complesse e molto reali. Lui fu sicuramente un Maestro che comprese i misteri dell'Universo e cercò di rivelarli ai mortali del suo tempo. Come lui disse " queste cose farete anche voi e di più" ma lui era anche umano e questa è la parte della sua storia che è stata tralasciata. In questo libro, come in Gesù e gli Esseni, abbiamo la rara opportunità di vederlo come il popolo del suo tempo lo vedeva. Ne esce un quadro di lui che è profondamente personale e reale. Forse finalmente il vero Gesù può essere visto ed apprezzato come l'uomo meraviglioso che era.

Entrate nel mondo dell'ignoto. Il mondo dell'ipnosi regressiva.

Galilea al tempo di Gesù

CAPITOLO II
UN INCONTRO CON GESÙ

Ci sono molteplici ragioni per richiedere una sessione di regressione ad una vita passata. Molte persone hanno un preciso problema che stanno cercando di risolvere, sia che sia fisico o emotivo. Relazioni karmiche con membri della famiglia, o altre persone significative nella loro vita, spesso sono causa di problemi che richiedono aiuto. Queste persone hanno spesso esaurito le ricerche convenzionali, sia mediche che psichiatriche, e si rivolgono alla terapia sulle vite passate come possibile soluzione. Poi ci sono sempre quelli che richiedono l'ipnosi alle vite passate semplicemente per curiosità, solo per vedere se effettivamente sono vissuti in una vita passata.

Quando Mary chiamò per un appuntamento, non era chiaro a quale categoria appartenesse. Era una bella donna sulla quarantina. Era divorziata e cercava di allevare due figli da sola. Per fare ciò aveva iniziato una sua attività, una piccola serra con progettazione di giardini. La sua agenda era piena e le nostre sessioni dovevano inserirsi tra i suoi appuntamenti. Arrivava con il suo furgoncino carico di piante e dopo la sessione continuava con le consegne del suo lavoro. Sicuramente non era una casalinga annoiata che cercava uno sfogo emozionante. Mary era una madre premurosa che aveva come scopo quello di fare prosperare la sua attività così da poter offrire ai propri figli la miglior vita famigliare.

Ammise che stava cercando la risposta ad un problema, ma non voleva parlarne. Disse semplicemente che se lo avessimo trovato, lo avrebbe riconosciuto. Questo significava, come terapeuta, che brancolavo nel buio, non sapendo cosa stavamo cercando. Questo può essere rimediato lasciando briglia sciolta al subconscio, permettendogli di scoprire ciò che il soggetto sta cercando. Così quando ci fu il nostro primo appuntamento, mandai Mary in

11

trance. Poi le permisi di viaggiare attraverso il tempo dovunque volesse andare, senza essere guidata a cercare la causa del problema.

Potevo facilmente prevedere cosa sarebbe successo, perché questi casi spesso seguono uno schema. I risultati sono solitamente gli stessi. Mary andò ad una vita passata che era ordinaria e noiosa, dove accadeva poco di significativo. Lei disse che questa rispondeva ad alcune domande e si collegava a cose nella sua vita, ma non aveva connessione con il problema importante. La settimana seguente i risultati furono gli stessi, una normale vita passata che era solo significativa per Mary.

Il passo importante giunse durante la terza sessione. Mary era un ottimo soggetto e l'avevo influenzata ad andare in trance profonda con l'uso di una parola chiave. Queste parole chiave possono essere qualunque cosa ed il loro uso elimina lunghe induzioni. Dopo che si era sistemata e rilassata sul letto, usai la sua parola chiave e contai alla rovescia. Dopo che lei era entrata in trance profonda, chiesi al suo subconscio di fornire informazioni che fossero importanti per lei. Chiesi di portarla ad una vita passata che avrebbe avuto significato e rilevanza con la vita presente. Lei era a questo punto abbastanza sicura di me che sperai che il suo subconscio corrispondesse.

Svolgo così tante sessioni che adopero diversi tipi di registratori. Spesso li consumo, sia con le registrazioni che con le trascrizioni. I nastri di queste sessioni con Mary furono fatti in un periodo in cui il mio registratore non funzionava bene. Avevo tenuto parecchie sessioni prima di rendermi conto che non funzionasse bene. A volte saltava la registrazione o in alcuni momenti le bobine smettevano di girare. In questi casi le parole andavano perse. Mentre trascrivevo queste sedute cercavo di recuperare, per ciò che potevo, quello che mancava per come me lo ricordavo. Così durante queste sessioni ero spesso preoccupata a monitorare tanto il registratore quanto il soggetto.

Usavo un metodo con il quale il soggetto galleggia sopra una bella nuvola bianca. Chiesi alla nuvola di depositarla in un tempo rilevante nel quale ci fossero informazioni importanti per lei.

Contai mentre la nuvola la trasportava e depositava molto gentilmente. La sua prima impressione fu che si trovava in un boschetto di alberi verdi. Evidenziò che avevano una corteccia liscia leggermente venata di grigio, che non le era familiare. Poi notò un piccolo gruppo di quattro persone tra gli alberi. Riusciva a vederli da distante e sembravano vestire in maniera identica, con indumenti di lino bianco stretti in vita da un qualcosa come una cintura di corda di cotone. Una donna aveva un fazzoletto di lino che copriva i capelli. Quando Mary si guardò, scoprì che era vestita nella stessa maniera, con un vestito bianco di lino fatto in casa e sandali ai piedi. Sapeva di essere una ragazza adolescente con lunghi capelli castani. Disse che il suo nome era Abigail, ed era giunta a quel luogo da un villaggio vicino. Le chiesi se voleva avvicinarsi alle persone.

"Sì" rispose "vorrei sapere perché si sono radunate. Mi stanno aspettando? Dovevo essere timida anche allora come lo sono ora nella mia vita. Persino ora esito ad unirmi ai gruppi. Sì, credo che mi stiano aspettando."

Dolores: Conosci queste persone?
Mary: Sì, sono già stata con loro prima. Ma io sono la più giovane. Io non so le cose che sanno loro.
D: Sono vicini di casa o amici o cos'altro?
M: Credo siano maestri. Non ho trascorso molto tempo con loro. Mi sento in qualche modo non degna dei loro insegnamenti ed attenzioni. È difficile per me accettare che mi vogliano come loro studente, a causa della mia età e della loro grande saggezza. Essi sembrano essere molto saggi ed io sembro essere molto giovane.
D: Penso sia una cosa positiva che tu voglia imparare.
M: Sì (ride) Quella è la mia natura. Hanno notato il mio vivo desiderio. Loro credono che io sia una degna studentessa anche se non lo sono.
D: È difficile capire cosa ti stanno insegnando?
M: Non è difficile da capire. Ho il privilegio di poter conoscere queste Informazioni. Questi sono insegnamenti spirituali che loro hanno raccolto in molti anni e devono trasmetterli.
D: Come trovano gli studenti?
M: Credo che i miei genitori mi abbiano proposta. Dove sono ora, è come se gli altri fossero i maestri e io fossi l'unica studentessa.
D: Penso che sarà difficile avere così tanti insegnanti.

M: *È per supporto morale. È come entrare in una nuova famiglia. Essi sono molto calorosi e accoglienti. Sembrano affezionati a me.*

D: Sai in che paese siamo? Hai sentito qualcuno che lo diceva?

M: *(lunga pausa) La parola "Palestina" mi viene in mente.*

D: Fa caldo lì?

M: *C'è brezza. Fuori al sole fa caldo, ma sotto gli alberi è fresco. È un posto molto piacevole per imparare. Mi piacciono i miei studi con loro. È un'esperienza molto gradevole.*

D: Devi leggere o scrivere?

M: *No, mi insegnano parlando. Io ascolto e imparo e mantengo la conoscenza nella mia mente e nel mio cuore. Credo che dovrò diventare un'insegnante. E questo è il motivo per cui imparo a questa età per poter insegnare quando sarò colma di saggezza.*

D: Che tipo di insegnamento ti stanno impartendo?

M: *Misteri. Ciò che non è conosciuto dalla maggioranza della gente.*

D: Ma molte persone comunque non crederebbero a loro vero?

M: *Sì, a loro non interessa. Essi non hanno un'intensa passione. Ecco perché i miei genitori hanno offerto me. Hanno riconosciuto quel desiderio ardente dentro di me.*

D: Hai detto che non è da molto che studi con loro

M: *Infatti. Questo è forse il mio terzo incontro con loro. Ci stiamo conoscendo, e stiamo studiando le personalità. Dà una sensazione come di qualcosa di più speciale del semplice essere maestri. Quasi come entrare in una famiglia di zie e zii. È come se mi avessero aspettato ed ora sono qui. Mi hanno permesso di sapere che le cose che loro condivideranno si chiamano "I misteri" e che sarò strettamente collegata ad essi.*

D: Sai dove hanno acquisito questa conoscenza?

M: *Hanno avuto dei maestri. Sembra risalga indietro nel tempo. Queste sono intese come verità.*

Questi maestri parevano essere gli Esseni, lo stesso gruppo misterioso che aveva insegnato a Gesù, sebbene questo non fu mai stabilito con certezza. Sicuramente sembravano essere membri di un gruppo gnostico segreto che possedeva la conoscenza che non era disponibile al pubblico generale.

Volevo stabilire il periodo storico, se era prima o dopo Cristo, poiché gli Esseni furono attivi per un lungo periodo di tempo. Un metodo che funzionò con "Gesù e gli Esseni" era di domandare del Messia.

D: Sai se il Messia è già venuto nel tuo paese?
M: *(pausa) Il Messia?*
D: Hai mai sentito quella parola?
M: *Il Messia? Sembra che sia qualcosa che un giorno ci sarà. Non so.*
D: Ci sono Ebrei dove vivi? Persone che studiano la religione ebraica?
M: *(Lunga pausa) Non sembra essere pertinente.*
D: Perché credo che faccia parte delle loro credenze che un Messia arriverà un giorno. Ecco perché mi domandavo se tu avessi sentito queste storie.
M: *Non sembra... La conoscenza non sembra essere lì.*
D: Va bene. Stavo solo cercando di determinare in che periodo siamo. E il tempo è qualche volta difficile da capire. C'è un governante nel tuo paese – che tu sappia?

In "Gesù e gli Esseni" il tempo veniva calcolato secondo il numero di anni di regno del governante. Ma in questo caso non fu di aiuto.

M: *No, non so. Sono stata cresciuta in una piccola comunità. È come se tutta la mia vita avesse aspettato questo momento. Le influenze esterne non hanno fatto parte della mia comprensione. Sembra che abbia vissuto una vita molto nascosta, protetta. Abbiamo una comunità, un piccolo villaggio. Conosco la gente del villaggio, ma nulla del mondo esteriore. Come se fossi stata mantenuta incontaminata, in modo che quando fosse venuto il momento dell'insegnamento fossi quasi materiale vergine.*
D: Così non saresti stata influenzata in alcun modo dal mondo esterno.
M: *Credo sia un'affermazione giusta.*
D: Posso capirlo. Hai avuto altri insegnamenti prima d'ora?
M: *I miei genitori. Loro sono persone molto gentili. La mia vita al villaggio è stata molto tranquilla. Un'infanzia meravigliosa. Mia mamma fa un tipo di focaccia che mi piace molto. La cuoce sopra una piastra. Sembra essere una delle mie preferite. (Smise improvvisamente di ricordare) Ma ora non sono più una bambina. È ora per me di iniziare una nuova parte della mia vita, e accantonare quei cari ricordi.*
D: Ma almeno hai dei cari ricordi. Hai fratelli o sorelle?

M: (pausa, poi con sorpresa) Oh! Sembra che ci sia una sorellina. Noi due siamo molto affezionate.

D: Stavo pensando, non sei in età da marito?

M: Non credo che quello sia ciò che sono chiamata a fare. Sono molto contenta di essere un'allieva ora. Questo è ciò per cui ho aspettato e sperato. Ognuno di queste persone svolge un ruolo differente nel mio insegnamento, nel mio apprendimento. Ciascuno parteciperà alla mia formazione. Sembra che... (pausa)

D: Cosa c'è?

M: Sembra che ci sarà una preparazione completa per una funzione pubblica, come in un tempio.

D: Allora avrai molte cose da imparare, vero?

M: Sì, ampia, ampia conoscenza. Base spirituale. Verità.

D: Potrai farmi partecipe di ciò che ti stanno insegnando?

M: Questo non lo so ora, perché non conosco quali siano questi insegnamenti. Non ho esitazione a condividere, una volta che è chiaro a me.

Era evidente che gli insegnamenti si sarebbero prolungati per un po', così decisi di spostare in avanti il racconto. Solitamente faccio questo chiedendo al soggetto di procedere in quella vita ad un giorno importante. Poiché la maggioranza delle vite sono ordinarie e sono ricche di routine quotidiane (come lo sono le nostre vite attuali), questo è il metodo più efficace per localizzare un momento significativo, se esiste. Ci sono state vite dove il soggetto non riusciva a trovare nulla di interessante, il che di nuovo esclude l'immaginazione. Quando finii di contare spostando Mary (come Abigail) in avanti nel tempo, le sue percezioni corporee e facciali mostravano che stava accadendo qualcosa. Non ci fu risposta, ma dalle sue chiare reazioni fisiche, e dai profondi sospiri, sapevo che c'era qualcosa che la disturbava.

D: Cosa stai sperimentando?

M: Sembro essere più adulta. I miei insegnanti non sono più con me.

D: Hai studiato parecchio con loro?

M: Sì, quattordici anni.

D: Dove sei?

M: (Pausa) Mi sembra di essere in un Tempio. C'è qualcosa che non va bene.

D: Cosa succede?

M: (Lunga pausa) Credo che non mi venga permesso di insegnare. È come se la mia mente fosse piena, e c'è una striscia che mi cinge la testa. Non mi viene permesso di condividere. È... la mia gente. Come se fossi stata messa da parte.

D: Ma tu hai così tanta conoscenza, perché non dovrebbero permetterti di insegnare? Hai molte cose da trasmettere.

M: Loro non sono contenti del mio sapere.

D: Chi sono?

M: Gli anziani. Gli uomini. Io sono una donna. Dicono che le donne non sono degne di insegnare nulla. Non devo avere questo tipo di conoscenza. Loro non vogliono che io insegni. (Soffrendo) La mia testa!

Quando il soggetto sperimenta sensazioni fisiche reali, io le rimuovo sempre. Queste possono essere raccontate da un punto di vista oggettivo piuttosto che rivivere il dolore o il disagio. Questo mantiene il soggetto tranquillo e fa capire che mi prenderò sempre cura di lui. Questa tecnica aiuta anche a raccontare la storia senza farsi distrarre da sensazioni fisiche. Le diedi suggerimenti per sentirsi bene. Poi cercai di ottenere la sua fiducia, così che mi potesse raccontare le cose che non poteva esprimere agli altri.

D: Tu puoi parlare a me anche se non puoi parlare agli altri. Hai insegnato prima di questo momento?

M: Ai bambini... ho insegnato a loro. Mi venivano portati ed io condividevo con loro. I genitori li portavano. Ci sedevamo sui gradini del Tempio. Ed imparavamo facendo giochi e raccontando storie e ballando. Ed io portavo luce nelle loro menti

D: Oh, penso sia una maniera bellissima di insegnare, perché è difficile a volte per un bambino capire. Mi piacerebbe molto se tu potessi condividere alcune di quelle cose con me, come se fossi un bambino. Poiché ci sono cose che non so, e sono desiderosa di imparare. Come insegnavi a loro?

M: Avevamo un uccellino. Uno bianco... ah, come un piccione. Molto bello... (ebbe un'improvvisa rivelazione) una tortora. La tortora era...una mia amica speciale. Io e lei eravamo molto amiche. Ed io usavo la tortora come esempio per i bambini. Portavo la tortora in una gabbia e poi mostravo ai bambini che la porta della gabbia era aperta. La tortora poteva uscire e guardarsi intorno e vedere nuove facce ed avere più spazio per girare. E di fatto per prendere il volo. Io mostravo loro che tutti i bambini hanno questa opportunità, questa possibilità, questo portale che si apre su una comprensione molto più grande. E che se loro venivano da me e trascorrevano tempo con me, incominciavano a capire che il mondo è molto più grande delle loro piccole gabbie. E che i loro spiriti possono espandersi in questo spazio. Che non c'è differenza tra loro ed il volo. Che anche loro possono volare ed essere sostenuti dalle ali dello spirito. Salire sempre più in alto. E tornare, ritornare alle persone che sono in questo luogo terreno. E dire "Venite, guardate cosa ho trovato! Venite a volare con me! E portare qualcuno con sé.

D: Questo è molto bello.

M: Oh la tortora è un meraviglioso spirito amico

D: Mi piace, perché lo posso capire anch'io.

M: Oh si, c'è molto di più là fuori di quanto tu possa mai immaginare. I bambini sono così preziosi.

D: Che altro mostravi loro?

Lei si spostò dal ricordare l'evento a sperimentarlo, come se si fosse trasferita a quella scena.

M: C'è qualcosa di rosso coricato sul gradino (sembrava studiarlo) Sembrano due pezzi di legno di forma cilindrica. Sono lì in attesa di essere usati

D: Per cosa vengono usati?

M: (Con sorpresa) Oh! Sono usati per dare ritmo. Sono usati per percussione (sorridendo). Sono usati per tenere il tempo mentre i bambini danzano. Vediamo (pausa, come se stesse osservando)

D: Cosa succede?

M: (Ridendo) Oh, balliamo su e giù per i gradini. I gradini sono molto ampi e spaziosi. Sono profondi e molto lunghi. Questo è un bellissimo posto. (Con sorpresa) Non è dissimile dal boschetto. Ah! Come i pilastri e la tettoia... (risata felice) l'ombra, il fresco, ma il sole solo sull'altro lato. I bambini sono molto felici di venire qui. Hanno parecchio spazio. E si divertono con me. È un momento molto speciale per tutti noi. Impariamo attraverso la danza, mentre entriamo ed usciamo e giriamo in tondo.

D: Che tipo di lezione potrebbe essere insegnata con la danza?

M: L'importanza dell'espressione fisica, delle loro emozioni. Permettere di diventare manifesto ciò che è in loro, attraverso l'azione. Mentre noi impariamo ritmi semplici, schemi elementari, facili passi che portano a rilasciare gioia e sono accompagnati da ritmo e musica. Usiamo anche un tamburello. A questa tenera età, potranno imparare quei modi per esprimere ciò che verrà richiesto loro di esprimere quando saranno più grandi e, loro stessi li insegneranno. Devono rimanere in contatto con l'espressione. Sono incoraggiati a non tenere tutto dentro, ma a dargli voce, a dargli sfogo. Vedere uno schema e sapere che c'è uno scopo. Questo è tutto racchiuso nel semplice inizio di questa piccola danza. È uno schema che imparano ora, e permetterà loro di portarselo nella vita adulta quando non è così facile esprimere spontaneamente certe modalità, certe azioni. Potranno ricordare come nella loro gioventù ci fu spontaneità. Si ricorderanno quella gioia, quella libertà e felicità che si creava in loro. C'è così tanta gioia nella parola di Dio. C'è così tanta gioia nel Suo spirito. Quando il Suo spirito si muove attraverso ed è manifesto nell' azione è un'esperienza gioiosa.

D: Sembra proprio di sì. Penso tu sia un'insegnante molto brava.

M: Oh grazie

D: Hai dei metodi molto belli

M: (felice) Grazie.

Ebbi l'impressione che non fosse abituata a ricevere complimenti per il suo lavoro.

D: In che città siamo ora? Dov'è questo tempio?

M: Gerusalemme

D: Hanno un nome per gli insegnamenti che tu fai? sto pensando ad un'organizzazione o ad un gruppo del quale potresti essere membro

M: Sembro essere... da sola

D: Cosa vuoi dire?

M: Non sono associata. Sembro essere collegata al Tempio, quello è dove dormo. Le mie necessità vengono risolte attraverso il mio servizio nel Tempio.

D: Sembra che sia una Tempio grande.

M: Si è un tempio grande. Aperto, con colonne alte, altari.

D: A quale religione è dedicato il Tempio?

M: (Pausa) Credo alla Ebraica.

Questa era un'ulteriore indicazione che lei era associata ad un altro Gruppo. Erano gli Esseni?

D: Parlavi delle parole di Dio, così mi domandavo quale dio tu adorassi.

M: *Beh, la mia conoscenza è diversa dalla conoscenza degli uomini. Purché io abbia a che fare con i bambini, sono di buonumore. Devo mantenere il silenzio sulle mie conoscenze.*

D: Non ci vedo nulla di sbagliato.

M: *I sacerdoti... (Lei esitò – era difficile da spiegare). È molto sgradevole per me. Il loro comportamento, i loro insegnamenti. Sono così chiusi. Sono così bui. Non vengono dalla luce. Non sono nemmeno la verità. Loro tengono la gente lontana dall'immediatezza dello sperimentare Dio. Lui non è da qualche parte distante che è così difficile da raggiungere. Lui non è adirato con noi. Lui non ci chiede di uccidere gli animali più belli per sacrificio. Lui è con noi, in ogni respiro che facciamo. Lui è parte di noi. Lui vive dentro di noi. Noi siamo Dio in forma fisica. Noi Lo siamo. Non è qualcosa distante che non possiamo raggiungere. Non siamo plebaglia indegna. Noi siamo sacri, ciascuno secondo queste credenze, e noi abbiamo quell'essenza di sacralità. È solo così occultato che non riesce a risplendere. (Tutto ciò fu detto in modo tranquillo ma con molta enfasi). È così frustrante. Sento di avere così tanta conoscenza e di non poterla insegnare.*

D: Forse ecco il motivo per cui io sono qui. Tu puoi insegnare a me e questo aiuterà anche te, così non ti sentirai cosi limitata. Ma i sacerdoti impartiscono altri insegnamenti alle persone?

M: *Sembra molto sacralizzato. Al di sopra delle persone comuni. Come se la gente comune non possa accedere a Dio direttamente senza i sacerdoti. È il loro ruolo, ma tiene la gente distante dalla conoscenza che Dio è in loro.*

D: Sei l'unica insegnante donna?

M: *Sono l'unica. Ho un certo tipo di funzione. I bambini sembrano essere un modo accettabile di tenermi fuori dalla gestione convenzionale, in una collocazione appropriata ad una donna.*

Quando in seguito feci i miei studi, scoprii che al tempo di Gesù non c'era l'obbligo di frequenza nelle scuole. Se un giovane maschio Ebreo riceveva un'educazione, le uniche scuole erano connesse con le Sinagoghe e gli unici testi scolastici erano le Scritture Ebraiche. Per gli Ebrei la conoscenza significava "conoscenza della Legge di Mosè", o la Torah. Nient'altro veniva insegnato ed educazione significava meramente "formazione in religione". Chiunque conoscesse appieno "la Legge" ed avesse la facoltà di spiegarla, ammesso che scegliesse di insegnare, veniva considerato un "uomo acculturato": un Rabbino. L'osservazione rigorosa della Legge era considerata come caratteristica importante degli uomini acculturati dell'epoca.

Scoprimmo in "Gesù e gli Esseni" che a quei tempi in Palestina esisteva una forte attitudine maschilista (per come la conosciamo noi). Le donne avevano dei ruoli ben prestabiliti, e qualsiasi deviazione da questi, non veniva accettata. Non avevano cultura ed avevano la propria sezione nel tempio, per non mischiarsi con gli uomini durante il culto. Il caso di Abigail non va in contraddizione con queste regole, perché lei indicò che non era Ebrea. Lei doveva essere stata educata da un altro gruppo che non includevano questi limiti. Gli Esseni non avevano tali restrizioni, ed insegnavano a tutti a seconda del loro desiderio e capacità di imparare.

Questo doveva aver profondamente irritato i sacerdoti uomini, scoprire che Abigail non solo era stata istruita, ma aveva avuto ampio accesso a campi di cui essi non avevano familiarità. Questo non lo potevano tollerare. Non poteva essere permesso.

Non fu mai reso chiaro come mai Abigail venne assegnata ad un posto dove non era ben accetta. Apparentemente gli uomini non la volevano lì, ma non la potevano togliere. La loro unica soluzione era di metterla in una posizione dove non avrebbe rappresentato alcuna minaccia per loro, vista la sua conoscenza superiore e diversità di pensiero. La collocarono in un ruolo femminile, nel prendersi cura dei bambini, pensarono, non poteva causare alcun danno. Si sbagliavano. Lei presto sviluppò un metodo di insegnamento, una tecnica per passare la conoscenza ai bambini in maniera discreta, sotto forma di gioco. Ma la vera conoscenza non poteva essere comunicata, e la sua testa ne soffriva. Come diceva lei, era come se ci fosse una fascia stretta attorno al suo capo, e lei sentiva come se la mente volesse esplodere a causa della pressione di informazioni che volevano liberarsi.

D: Hai studiato anche gli insegnamenti ebraici?
M: Non mi sembra di averli in mente
D: Hai sentito della storia del Messia?
M: (pausa) Non so del Messia, ma credo che ci sia un uomo che insegna. Anche lui non è contento dei sacerdoti. Credo che ci sia un uomo con una conoscenza simile alla mia. (pausa) Il

21

regno di Dio è all'interno. I templi non devono separare Dio dall'uomo. I templi devono essere un posto di unione. L'Uomo dovrebbe poter entrare nel luogo sacro ed invitare direttamente Dio nel proprio cuore. Non attraverso sacrifici, non attraverso intercessioni, ma avendo il permesso di rimanere in quel luogo sacro, mettersi in comunione direttamene con Dio.

D: Sono d'accordo con te. Ma quest'altro uomo, l'hai mai visto o ne hai sentito parlare?

M: Credo che lui sia stato in un posto diverso sui gradini del Tempio rispetto a dove insegno io. È come un rettangolo, io insegnavo ai bambini sul lato lungo della costruzione. Lui era sul lato corto, quando ci si avvicina al Tempio.

D: Lo hai sentito quando parlava alla gente?

M: Credo parlasse alla folla quando io avevo i bambini sull'altro lato.

Lei si spostò nuovamente dal passato al presente, indicando che andava indietro a quel tempo per rivivere l'accaduto e farne relazione.

M: Lui parla con molta autorità. Sono curiosa di conoscere chi sia.

D: Hai sentito qualcuno che dice chi lui sia?

M: Questo è veramente insolito. C'è un uomo che sta facendo segno di venire, a me e ai bambini. Lui dice: 'Vieni! Devi sentirlo. Questo uomo è il figlio di Dio'.

D: È anche lui sui gradini?

M: Sta correndo verso il lato, dove è radunata la folla.

D: Hai intenzione di andare con lui?

M: Sono combattuta se andare a sentir parlare questa persona – non posso lasciare i bambini incustoditi – loro... non penso... non voglio che vengano con me in questo momento. Non so ciò verso cui li porterei. E io sono molto prudente con i bambini.

D: Penso che tu sia molto saggia perché non vuoi mettere in pericolo i bambini. Stai con loro anziché andare a vedere chi è quest'uomo?

M: Sono combattuta. Come a metà strada tra due decisioni

D: Suppongo tu sia molto curiosa però.

M: Sì. Voglio sapere chi è che parla con assoluta autorità

D: Lo senti parlare?

M: Riesco a sentire la sua voce. Parla con completa autorità. Ah!
Devo tornare dai bambini.
D: Ma per lo meno riesci a sentirlo da dove sei?
M: È un po' distante. Riesco a sentirlo ma non distinguo le parole.
Riesco a discernere il tono della sua voce. Parla in maniera
chiara.
D: Forse un giorno scoprirai chi è e lo potrai ascoltare e vedere da
vicino.

Stavo cercando di portare la sessione a conclusione. Prima di
iniziare il lavoro di oggi Mary aveva detto che voleva uscire dalla
trance ad un certo punto perché aveva un appuntamento. Se
Abigail non aveva intenzione di avvicinarsi e sentire quest'uomo,
non avremmo probabilmente saputo altro al momento. Io non so
se l'uomo era Gesù, ma le indicazioni portavano in quella
direzione. Volevo continuare la ricerca e scoprirlo. Non volevo
entrare nel vivo proprio ora perché volevo impiegare più tempo
per questo evento poiché sia il tempo che il nastro si stavano
esaurendo. Progettai di poter continuare nella seduta seguente.

M: Ho la sensazione che ci conosceremo. C'è una comprensione
comune che ci porterà l'uno all'altra, posso pazientare.
D: Sì, questo è vero, le persone che pensano in modo simile,
solitamente si troveranno. Ma ero curiosa a proposito della
credenza ebraica che un giorno il Messia arriverà. È vero che
stanno cercando il Messia, ne sai qualcosa?
M: È come se... non lo porterò nella mente. È come se ciò che ho
nella mente sia leggero, puro. Ed è come se non accetterò
rabbia, paura, condanna, queste non le porterò nella mia
mente.

Era stata deliberatamente tenuta al di fuori o forse non era stata
esposta ad alcuno dei tradizionali insegnamenti teologici ebraici.
Apparentemente era stata protetta. All'inizio della sessione lei
disse che era come materiale vergine quando i suoi maestri
iniziarono le loro lezioni. Forse questo era intenzionale, in modo
che lei non venisse influenzata dalle scuole di pensiero
tradizionali.

D: Quindi non stai accettando alcuno degli insegnamenti degli
Uomini.
M: Sembra che abbia come uno scudo attorno a me che... non lo
accetto nella mia mente.

D: Capisco perché tu lo blocchi, perché gli uomini sono così negativi, anche se dovrebbero essere sacerdoti di Dio

M: *Fastoso... se me lo concedi. Quest'uomo ha una luce attorno a sé. Ecco perché so che un giorno lo conoscerò.*

D: Riesci a vederlo?

M: *Si, vedo che c'è della luce attorno a lui.*

D: Hai girato attorno l'edificio?

M: *No, lo vedo attraverso il colonnato, è in un posto diverso, ma riesco a vedere. Si lui proviene dalla luce*

D: Vedi normalmente luce attorno alle persone?

M: *Ai bambini, qualche volta, ma non come questa luce. Questa luce ha un biancore tutt'intorno.*

D: Oh, deve essere molto bello

M: *Beh, lo mette in risalto rispetto agli altri (risata)*

D: (Risata) Riesci a vedere che aspetto ha, o è troppo distante?

M: *È in posizione angolare rispetto a me. Sembra essere vestito di bianco con una specie di straccale marrone in vita... è come se ci fosse un pezzo di stoffa che va oltre le spalle, davanti e dietro e poi viene fermato in vita vicino al corpo.*

D: Riesci a vedere le sue caratteristiche fisiche?

M: No, è distante. Noi siamo come con la mente simile. È come se ci fosse una connessione, anche a distanza. (lasciò andare un respiro improvviso)

D: Che c'è? (un'altra inspirazione) Cosa c'è?

M: *Oooh! Si, ha sentito la connessione.*

D: Cosa?

M: *Sta venendo qua, sta venendo qua! Sta venendo su per le scale per vedere i bambini! (la sua voce era in completa meraviglia).*

Ed io stavo esaurendo il nastro! Non riuscivo a metterne un altro nell'apparecchio a causa delle limitazioni che Mary aveva messo in quella sessione. Che tempismo sbagliato! Avere qualcosa del genere a questo punto. Frustrata, sapevo che avrei dovuto trovare qualche modo per concludere la sessione senza disturbarla, così che potevamo ritornarci la volta seguente per un'esamina più dettagliata.

M: *La folla lo sta seguendo. Lui percepisce la luce attorno ai bambini. Lui capisce. Siamo affini di mente.*

D: Questo è molto bello. Ma temo che dovremo lasciare la scena. Mi piacerebbe ascoltare, ma stiamo esaurendo il tempo disponibile. Possiamo ritornarci di nuovo se andiamo via ora?

M: Oh, mi piacerebbe sapere di più su quest'uomo.
D: Allora la prossima volta che vengo, lo continueremo. È molto bello e apprezzo che tu lo voglia condividere con me. Ora lasciamo la scena.

Lei faceva ancora suoni di stupore e contentezza. Detestavo farlo, ma non avevamo alternative. Lei aveva obblighi da rispettare nel "mondo reale".

D: Porta questa bella sensazione con te. Spostiamoci dalla scena e ci ritorneremo in un altro momento. Porta con te la bellezza, il calore e l'amore, mentre ci scostiamo dalla scena.

Le sue espressioni del viso e del corpo mostravano protesta. Lei non voleva lasciare la scena, ma doveva obbedire alle istruzioni date da me, l'ipnoterapeuta. Non poteva rimanere in trance, non aveva importanza quanto lo volesse. La scena stava evaporando. E lei veniva risucchiata avanti nel tempo, tornando alla stanza.

D: Va tutto bene. Ci ritorneremo, lo prometto.

Orientai la sua personalità al momento presente e poi riportai Mary alla piena consapevolezza. Quando lei si svegliò era ancora sotto l'incantesimo della scena finale. Incominciò a piangere. Io chiesi scusa per averla distolta da ciò. Lei capì perché era stata lei stessa a dettare i limiti di tempo della sessione, ma era ancora delusa. Misi velocemente un nastro nuovo e registrai parte della conversazione dopo il suo risveglio.

D: Voglio registrare solo un po' di ciò che hai detto. Hai detto che come vi siete guardati negli occhi è stato amore a prima vista?
M: C'era una profondità di comprensione che era travolgente. Non riuscivo a credere che mi si chiedesse di andare via. Voglio dire: ero appena arrivata lì. Era una sensazione così forte.
D: Scusa! (risata)
M: Dolores, era come le cose che mi sono capitate in questa vita, le cose che non sono stata in grado di capire. Sono stata portata via da cose che significano molto (con determinazione). Ma ci torneremo.
D: Lo faremo e potremo concludere. Ma non eri abbastanza vicina, credo, per effettivamente...
M: Ero abbastanza vicina da allungarmi e toccare la sua mano.

25

D: Hai potuto guardare il suo volto?

M: Sì. (in imbarazzo) Guardavo i suoi occhi.

D: Come era il suo volto?

M: Oooh! forte... e dolce... e amorevole. Questo era tutto ciò che era sul suo volto... era amore. I suoi occhi erano... C'era solo amore. Non era possente. Così dolce e gentile. Oooh dobbiamo ritornarci.

D: Di che colore erano i capelli?

M: (Pausa) Come quando sei al sole, e c'è un riflesso rosso nei capelli.

D: Hai visto il colore degli occhi?

M: No, erano occhi molto profondi. Gli occhi erano come se non avessero avuto fine. Ti guardavano dritto... dritto dentro (risata) è come quel detto "perdersi negli occhi di qualcuno". Ecco com'era. I bambini erano molto eccitati. Capivano che c'era qualcosa. E non sapevano chi guardare (risata).

D: Non ho mai dovuto lasciare una scena in un momento peggiore (risata). Normalmente lo programmo meglio, cosicché questa confusione e insoddisfazione possano essere evitate.

Non sapevo molto della vita privata di Mary. Mentre sedeva sul bordo del letto, mi confidava ora che era stata sposata e divorziata tre volte. Disse che durante tutta la sua vita, le cose e persone che lei amava le erano state portate via. E così era come si sentiva ora a proposito di ciò. Proprio nel punto quando lo aveva visto (apparentemente un momento elevato nella sua grigia ed infelice vita) l'avevo fatta abbandonare. Lei era rimasta molto colpita da quest'uomo e voleva saperne di più. Dalla descrizione e dalle reazioni, non c'era dubbio che l'uomo che aveva visto era Gesù. Questo fu il motivo per cui io rimasi sorpresa quando lei disse, con uno sguardo distante negli occhi, "mi domando chi era".

Sorpresa domandai, "vuoi dire che non lo sai?" lei disse che non ne aveva idea, tranne che egli era sicuramente un uomo eccezionale ed insolito. Risposi che non le avrei detto le mie supposizioni, e glielo avrei lasciato scoprire da sola durante la sessione seguente. Le sue osservazioni sembravano escludere qualsiasi desiderio inconscio da parte sua di creare un viaggio di fantasia che le permettesse di incontrare Gesù. Non lo aveva nemmeno riconosciuto come persona.

Raccolse le sue cose e con un grosso sospiro entrò nel suo furgoncino. Ritornò al mondo della sua attività quotidiana a consegnare piante.

La scena che lei descrisse mi avvolse e pervase l'aria intorno a me con una lieve dolcezza. Sì, ci torneremo. Dovevo sapere di più di questo uomo eccezionale che lei aveva fatto emergere attraverso il tempo.

CAPITOLO III
LA GUARIGIONE

Fu doloroso sia per Mary che per me quando dovetti concludere l'ultima sessione in maniera frettolosa ad un punto così cruciale. Quando ci incontrammo la settimana seguente ero determinata a ritornare allo stesso giorno, se fosse stato possibile. Fiduciosamente potevamo continuare la storia dell'incontro di Abigail con l'uomo insolito che io ritenevo fosse Gesù.

Prima di iniziare la sessione, Mary volle raccontarmi il suo ricordo della danza con i bambini sui gradini del Tempio. Ci sedemmo sul divano ed io accesi il registratore. Lavorando con certi casi non è mai saggio cercare di basarsi sulla propria memoria o sui propri appunti, poiché troppi dettagli possono andar perduti mentre si possono dimostrare preziosi più tardi. Una casuale osservazione insignificante può invece rivelarsi un importante collegamento che tiene assieme la storia. Il registratore è un mezzo indispensabile, anche se spesso passano settimane prima che i nastri siano trascritti.

Lo sguardo lontano negli occhi di Mary segnalava che stava visivamente rivivendo la scena nella mente. Lei di nuovo vide i bambini sui gradini, mentre ridevano spensierati.

M: Ciò che mi è venuto nella memoria visiva era che io e i bambini partivamo in fila indiana, facevamo una curva e ci giravamo a formare un piccolo cerchio. Poi un bimbo ci portava fuori dal piccolo cerchio aprendolo. Facevamo di nuovo una piccola curva e poi un altro piccolo cerchio, poi lo disfacevamo di nuovo (tutto questo accompagnato dal movimento delle mani). Lo scopo di tutto ciò era spiegare simbolicamente ai bambini che c'erano momenti nelle nostre vite nei quali avevamo bisogno di entrare dentro di noi e stare tranquilli e da soli. E poi momenti in cui uscire ed aprirsi al mondo. L'equilibrio che conseguiva sarebbe stato dentro di sé, essere da soli e poi di nuovo nel mondo. Veniva usato per loro come esempio per capire e conoscere l'equilibrio tra la vita contemplativa e la vita attiva. Riuscivo a vedere il significato simbolico. Mi fu chiaro e cristallino.

D: Hai detto che usavi anche bastoncini e un tamburello

M: Sì, quello era per le percussioni, ed era una danza diversa. Quello non mi era molto chiaro, tranne che vedevo i bambini sui gradini. Doveva esserci un ampio gradino che era uno spazio di mezzo tra due gradinate dove facevamo la danza. I gradini del Tempio non erano come una scalinata. Erano come una scala e poi un ampio gradone e poi un'altra scala. Quindi penso che facessimo la danza su questo gradone.

D: In un primo momento sembrava strano che danzaste sui gradini. Ma non erano scale come le pensiamo noi.

M: Erano molto ampi. Io insegnavo ai bambini in questo modo. E gli uomini avevano l'impressione che questo fosse sicuro perché loro pensavano che non potevo influenzare i bambini. Ero nel posto per me "appropriato". Ma era contenuto molto insegnamento spirituale. Ti racconterò una cosa interessante che mi è capitata quest'estate, che è molto insolita per me. Ero in città in un sito di forniture per giardinaggio che adopero per la mia attività. Ero andata là per prendere delle piante da mettere in un giardino che stavo allestendo. Ad un tratto ho visto una piccola ceramica che aveva la forma di una colomba, seduta lì sul pavimento. Per qualche motivo non riuscivo a distogliere il mio sguardo dalla colomba. Alla fine l'ho comprata. Il motivo per cui era così strano è che costava 34 dollari ed è un bel po' di soldi da pagare per una colomba di ceramica (rise). Ma era come se la colomba mi parlasse. Voglio dire: è stata una reazione istintiva. E la scorsa settimana durante la regressione, quando quella colomba uscì dalla sua gabbia, io pronunciai quasi "Paloma" perché è così che ho chiamato la piccola colomba di ceramica.

D: Quella è la parola spagnola che significa colomba. Ma quella colomba doveva essere ammaestrata, perché non è volata via.

M: Giusto. Io e lei avevamo una connessione spirituale. Comunicavamo.

D: Ho pensato che quando l'hai fatta uscire, sarebbe volata via. Ma sembra sia rimasta proprio lì.

M: Ha preso il volo. Ha fatto un cerchio nell'aria. Ha mostrato tutta la sua libertà di volo. Sapeva come esibire la sua libertà nel cielo, e sapeva come tornare, così da poter insegnare alle altre come andare e volare.

D: Quella era la simbologia.

M: *Lei aveva veramente capito di essere un aiuto spirituale nel mio insegnamento. Eravamo molto legate.*

D: E quella casualità con la colomba di ceramica era successa mesi prima che iniziassimo a lavorare assieme. Forse il tuo subconscio stava cercando di prepararti per questo, un po' come a dire "questo è il momento". Il vedere la statuetta stava cercando di far scattare una memoria

M: *Beh, deve averlo fatto. Perché quando sono andata a casa quella sera dopo la regressione, e sono passata davanti a Paloma, ho pensato "ora so perché mi sei così cara".*

D: Era un importante collegamento con una memoria.

Incominciammo la regressione. Il mio compito era di riportare Mary alla medesima vita passata sperando di localizzare la stessa scena. Usai la sua parola chiave e contai all'indietro per portarla alla vita di Abigail.

D: Conterò fino a tre e torneremo indietro nel tempo e spazio. Quando saremo al tre saremo all'epoca quando Abigail abitava a Gerusalemme, 1…2…3… siamo andati indietro nel tempo e spazio all'epoca quando Abigail era a Gerusalemme. Cosa stai facendo? Cosa vedi?

Quando finii di contare Mary mostrò delle reazioni facciali.

D: Cosa c'è?

M: *(sorridendo) I bambini. Vedi i bambini? Sono così vicina ai bambini. Sono così cari.*

D: Cosa stanno facendo i bambini?

M: *(Risata) Quello che fanno i bambini. Saltano qua e là, salgono e scendono le scale. Sono pieni di gioia, parlano alla colomba.*

D: Oh, a loro piace la colomba, vero?

M: *Sì, lei è uno spirito così speciale.*

D: Dove sei?

M: *Sui gradini del Tempio (con voce molto dolce). I bambini sono così speciali. Ad una bambina piace il tamburello. Abbiamo dei nastri che scendono dal tamburello. A lei piace danzare e muovere il tamburello e lasciar ondeggiare i nastri. In questo*

momento non lavoriamo su uno schema di apprendimento.
Stiamo solo trascorrendo del tempo assieme.
D: Non hai detto che i sacerdoti ti lasciano lavorare con i bambini?

M: Sì sì, all'insaputa dei sacerdoti, questi bambini sono dei
recipienti, sono depositari della conoscenza e formazione che
mi è stata data. E sia che i bambini comprendano
completamente ciò che stiamo facendo durante il nostro
tempo assieme oppure no, questo diventa comunque parte di
loro. E quando la loro vita giungerà ad un punto che
quell'informazione potrà essere utile per loro, saranno in
grado di tirarla fuori. Avranno quello schema radicato.

D: Potranno non ricordare da dove viene, ma sarà lì.

M: Giusto. Abbiamo una tale influenza sulle vite dei bambini
mentre crescono. È quasi un condizionamento a questa età.
Noi li influenziamo nel loro modo di reagire al mondo quando
crescono. Se li si prepara attraverso le vie della comprensione
e della saggezza, loro potranno tirarle fuori dalla loro
memoria più avanti nella vita.

D: E i sacerdoti pensano che tu non possa fare alcun male in questo
modo.

M: Sono tranquilla. Sto facendo qualcosa che è sicuro, ed è un
lavoro accettabile per una donna. Permettere ai bambini di
essere vicino al Tempio, e lasciarli con una donna che non sia
una figura minacciosa per loro. Sì, il mio lavoro è ... oh, è
solo una briciola che mi hanno gettato, senza sapere quale
opportunità mi hanno offerto.

D: Probabilmente è qualcosa che loro non avevano voglia di fare.

M: Sì. E capiscono bene che le donne hanno un certo modo di fare
con i bambini che loro stessi non hanno. Sono così pieni della
loro importanza e della loro posizione che non riescono a fare
a meno di intimidire i bambini. È quasi come se infondessero
paura nei cuori dei bambini (con disapprovazione). Per via
dei loro costumi elaborati, il loro copricapo e le tuniche, e
tutto l'armamentario in funzione del ruolo. Qui invece io e i
bambini giochiamo con i nostri abiti semplici. Possiamo
sederci al sole e possiamo andare all'ombra se fa troppo
caldo. E abbiamo degli attrezzi assolutamente comuni con cui
lavorare perché la nostra è una vita comune. Pochissime
persone arrivano ad una posizione di autorità o hanno dei
sistemi di supporto elaborati a disposizione. Noi tutti viviamo
in modo quotidiano. E se possiamo prendere gli oggetti di uso
comune e capiamo che possono rappresentare una

comprensione molto più grande, allora abbiamo realizzato qualcosa nelle vite di queste persone normali.

D: Abbiamo più influenza di quanto ci rendiamo conto di avere.

M: *Sì, penso che sia vero. Penso che non comprendiamo completamente quanto possiamo influenzare i bambini intorno a noi.*

D: Credo che i sacerdoti stiano facendo un errore. Potresti essere un grosso aiuto anche per gli adulti, ma non se ne rendono conto.

M: *(Sottovoce) La conoscenza. Non so dove andrà la conoscenza.*

D: Tu stai facendo la tua parte aiutando questi bambini.

M: *Sì, questo è semplicemente propedeutico. Ma la piena conoscenza che io ho... non so, magari qualcuno verrà da me e la potrò passare. La mia testa è così piena. La mia testa... faccio ciò che posso.*

D: Ci sono sempre io. Sai che ho voglia di imparare, e apprezzo ciò che stai facendo.

M: *Grazie.*

D: Ma se i sacerdoti non ti vogliono, come mai sei lì? Pensavo che potrebbero scacciarti o farti andare via. Possono farlo?

M: *Secondo quello che posso capire, è che sono "aggregata". Ciò è stato organizzato dalle persone con cui ho svolto la mia formazione. Questo era lo scopo o il risultato di quegli insegnamenti e preparazione. Quando ciò fosse stato completato, avrei dovuto andare al Tempio. Questo avrebbe dovuto essere un posto eccellente per me per insegnare e per condividere la conoscenza. Non sapevano che sarebbe accaduto questo. Non doveva essere in questo modo, ma ora non si può fare nulla. I sacerdoti sanno che ho una conoscenza mistica, e pensano che non la si debba condividere con la gente comune. Tanto meno non devo essere, come insegnante, in una posizione di influenza. È come se avessero imbrigliato ciò che mi è stato dato. Mi permettono solo una minima concessione, ed è con i bambini. Ma i bambini sono una parte così piccola di ciò che sono stata preparata a fare. Non mi viene permesso di fare ciò per cui sono stata preparata. Ecco perché la mia mente... la mia testa è così imbrigliata, così piena.*

D: Penso che i sacerdoti abbiano paura di te. Vogliono fare a modo loro.

M: *Sì, penso che sebbene questi uomini si siano elevati al ruolo di guide spirituali, seguono alla lettera la legge di Dio. Non sanno come usare la conoscenza o ciò che arriva nel cuore come regalo di Dio, ma solo ciò che si legge sulle pagine scritte. E la conoscenza che è stata condivisa con me e che io devo condividere con gli altri, è di natura esoterica. Non sanno come usarla. Sono come spaventati, ma più di quello, non capiscono che è complementare alla Legge (si riferiva alla Torah, o libro ebraico di regole di condotta). Loro la vedono come un aspetto frivolo, quasi nebuloso della spiritualità. Credo che loro pensino che sia adeguato per una mente femminile, perché si tratta di sentimento e intuizione e conoscenza dello spirito, piuttosto che della mente e del ragionamento, Ah, le loro regole!*

D: Che genere di regole?

M: Hanno una regola per tutto. Guardano nel Libro anziché guardare nel cuore. Perdono lo spirito della Legge mentre guardano la lettera della Legge.

D: Non penso che capirebbero anche se tu provassi a spiegarglielo. Non sono il tipo adatto di persone.

M: Sono d'accordo.

D: Ma spero che se noi continuiamo ad incontrarci, tu possa condividere un po' della tua conoscenza esoterica con me. Ti sarei grata nell' imparare queste cose. E ti aiuterebbe in questo modo a lasciarle fluire.

M: In questo momento... non sembra adatto.

D: Non intendevo proprio in questo momento. Volevo dire una volta o l'altra.

M: Dovresti passare attraverso... come un'iniziazione o presentazione, perché tu capisca che cosa è ciò che stai chiedendo di ricevere. Poi decideresti se veramente vuoi la responsabilità di questa conoscenza. Come dico, il fatto di portare questa conoscenza senza rilasciarla, è un dolore fisico alla testa per me. (Fece un movimento lungo l'ampiezza della fronte). È da qui a qui, un dolore fisico.

D: Sulla fronte. Non voglio che tu sia a disagio.

M: Ci sono abituata. È lì

D: (Diedi suggerimenti per alleviare le sensazioni fisiche) Mentre ti parlo, non ti darà fastidio, non voglio che tu ti senta a disagio in qualche modo.

M: Grazie.

D: Ma magari, mentre lavoriamo assieme e io vengo a trovarti, tu potresti passarmi l'iniziazione e potremmo scoprirlo.

M: Dipenderà da te. È una responsabilità che non si prende alla leggera.

33

D: Va bene. Ma oggi sono interessata a cosa stai facendo. Stai giocando con i bambini. C'è altra gente attorno a te?

M: Sembra piuttosto che ci siano persone che gironzolano qui vicino. Pare che camminando non abbiano una finalità definita o scopo specifico. Forse sono più come in visita, si guardano attorno, osservano il posto. Magari vengono da fuori zona e vivono distante da qui. Quindi questa sarebbe un'occasione speciale per loro, venire in questo spazio e informarsi sul Tempio. Alzano lo sguardo in alto e dicono: "oh guarda!" (indicando con il dito).

D: È bello il Tempio?

M: Sì, è molto grande. Alto, con ampi spazi. È... esito ad usare la parola "minaccioso", ma la dimensione è veramente notevole.

D: Probabilmente è di questo che rimangono stupiti. Bene, in questa giornata, c'è qualcos'altro che sta succedendo intorno al Tempio?

Stavo cercando di ritornare all'incontro con l'uomo che supponevo fosse Gesù, e poter continuare la storia. Non sapevo se questo era lo stesso giorno.

M: (Sottovoce) Quell'uomo!
D: Quale uomo?
M: Quell'uomo di luce.

Pareva che lo stesse vedendo di nuovo. Eravamo ritornati alla stessa scena senza chiederlo. Comunque questa era la nostra intenzione, ed il subconscio di Mary ne era al corrente.

D: L'ultima volta che ho parlato con te, riuscivi a vederlo attraverso le colonne, e lui parlava ad altre persone con autorità nella voce. È questo ciò che vedi?

Le sue espressioni facciali erano quelle di una piacevole esperienza.

M: Sì. Quella Luce.
D: Com'è quella Luce?
M: È bianca. Lo circonda completamente. È emanata da ogni parte del suo corpo. Dai suoi piedi... tutt'intorno al corpo... fino alla testa (incredula). È come se camminasse in una capsula di Luce.

34

D: Oh, sembra bellissimo.

M: *È veramente notevole. Non ho mai visto nulla del genere. Lui è di Luce.*

D: Cosa pensi che provochi la Luce?

M: *Il suo Spirito. È una manifestazione esterna della sua Luce interna.. non può semplicemente essere contenuta in un corpo fisico, così emana fuori. È veramente chiaro per me vederla.*

D: Sei sorpresa di vedere qualcosa del genere?

M: *Oh no, no, non è insolito. Solo la natura della Luce stessa. È una luce così bianca.*

D: Vuoi dire che non è insolito per te, vedere luci attorno le persone?

M: *No, no, conosco queste cose.*

D: Erano diverse le altre luci che hai visto?

M: *Sì. Questa è molto diversa. I bambini, vedi, hanno luminosità delicate. Sono rosa e gialle e verdi. Delicati ed innocenti gioielli splendenti. Questo uomo è un diamante. Quest'uomo è una potente luce bianca trasparente. Molto, molto potente.*

D: Cosa sta facendo?

M: *Sta parlando alle persone. Usa le braccia mentre parla. Parla con molta autorità. Non è proprio contento del comportamento di alcune persone.*

D: Riesci a sentirlo mentre dice queste cose?

M: *No, lo posso dire dal tono della voce. Le parole non sono chiare. Lui è rivolto verso un'altra direzione e la voce si disperde. Ma il tono della voce dice molto.*

D: Come se non fosse contento di qualcosa.

M: *Non è un rimprovero. È più un… una spiegazione, fatta con fermezza. Se loro vedono la verità, allora potranno allinearsi di più con questa Luce.*

D: Questo è difficile per la gente.

M: *Quelle persone che sono intorno a lui sembrano avere un energia molto scura e densa. È come se… (fece un respiro, come se avesse avuto una rivelazione) è come se stesse parlando a pezzi di carbone! (risata) Sembrano veramente scuri e densi. E lui ha una tale Luce! Sembra che stia provando a permettere loro di uscire dal loro stato di opacità, e ricevere un po' della sua Luce. E sta usando un linguaggio deciso per ricevere la loro attenzione e aiutarli a capire l'importanza di ciò che sta dicendo. Non è un linguaggio scortese. È, come dicono, gentile ma deciso.*

D: Qualche volta è quello che bisogna avere.

M: Sì. Quest'uomo è veramente amorevole. È come se lui amasse tutti quei pezzi di carbone (risata). E lui vuole così tanto... (altro respiro, altra rivelazione). Ooh! Lui vuole trasformarli in diamanti. Ecco l'analogia. Quei pezzi di carbone possono diventare diamanti come lui. (Contenta della sua scoperta).

D: Ci vorrebbe un bel po' di lavoro, vero?

M: Oh, sono così densi. Sono così bui. Sarà una grande impresa.

D: Vuoi andare ad ascoltarlo?

M: Sento che posso come... aspettare. Fino a che i bambini sono sotto la mia cura manterrò i loro piccoli spiriti gioiosi e sicuri, stabili, in modo che sentano sempre come di essere in un bozzolo protettivo quando sono con me. Io penso che questo rafforzi gli insegnamenti. Penso che siano più ricettivi a ricevere gli insegnamenti che si radicano in una parte profonda della loro mente, quando noi manteniamo quel bozzolo intorno a noi, come unità, come corpo, come insegnanti e studenti che sono un tutt'uno.

D: L'ultima volta che me ne hai parlato pensavo avessi paura di portarli là. Perché non sapevi chi era quest'uomo e cosa stesse dicendo, magari poteva spaventare i bambini.

M: Là c'era quell'uomo che disse: "venite e ascoltate". Io starò con i bambini. Il nostro rapporto è molto importante e non voglio che ci sia intrusione. È come se fossimo in una sfera colorata quando siamo assieme. Sì, rimarrò qui e noi la manterremo. Ma capisco che questa persona non sarebbe un'intrusione, piuttosto la sua Luce si espanderebbe e circonderebbe la nostra luce.

D: Pensavo che magari ci fosse della paura, che tu pensassi che i bambini sarebbero stati in qualche modo in pericolo.

M: No, è più una faccenda di mantenere la propria sfera. Sai quando tu vai vicino a quei pezzi di carbone, non si può fare a meno di influenzare la propria aura, la propria luminosità e luce.

D: Sì, lo capisco.

M: E i bambini con me, hanno un legame di fiducia. Non desidero portarli vicino a quell'altra energia. Ne avranno parecchia nella loro vita. Noi abbiamo un rapporto di fiducia. Lo manterrò così.

D: Bene. Quindi non era di lui lì intorno che eri preoccupata.

M: Non penso di dover temere quell'uomo.

D: Adesso mi sposterò un po' più avanti. L'ultima volta hai detto che lui ha percepito la tua presenza e si è voltato.

M: Sì! È come se ci fosse una connessione tra di noi. Un legame che può viaggiare attraverso questo spazio fisico. Come se fossimo attratti l'uno all'altro… quell'energia dentro di lui e l'energia dentro me sono energie simili e siamo mossi verso quell'energia di Luce.

D: Dimmi cosa succede.

M: Lui percepisce la mia presenza perché è sensibile all'energia.

D: Deve essere un tipo di energia diversa da quella delle persone alle quali sta parlando.

M: Sì, sì. (Risolino)

D: (Lunga pausa) Cosa sta facendo ora?

M: Sta parlando alle altre persone. (Lunga pausa)

Le sue espressioni facciali dimostravano che stava sperimentando qualcosa.

D: Cosa c'è?

M: (Sottovoce) Sì, lui… lui verrà.

D: Cosa vuoi dire?

M: (Suoni di compiacimento) Lui verrà. Per reazione alla nostra luce.

D: Pensi che lui veda le luci intorno a voi?

M: (Sicura) oh sì! Vede, vede. Non penso ci sia qualcosa che non può vedere.

D: Deve essere una persona veramente notevole.

M: Lo è. È venuto da noi! Come ho detto, la sua Luce si è espansa a comprendere la nostra. Ora siamo parte della sua Luce.

D: Cosa sta facendo?

M: (Con stupore) I bambini sono raggianti. I bambini sono entusiasti. Loro… (faceva suoni di stupore e gioia). Vivi… si, l'energia è … Oooh! Tutto il mio corpo sta risuonando. Oooh! I bambini… oh, i bambini..(Sorrisino). Si comportano in modo giocoso. Tirano la sua manica e l'orlo della sua tunica e gli chiedono di piegarsi, cosa che lui fa. Lui capisce i bambini. Sì, e i bambini reagiscono a lui. Come se quest'uomo fosse il risultato adulto di ciò con cui essi sono stati nutriti, un cucchiaino alla volta. È come se "Oooh! Questo è ciò che possiamo diventare! Questo è il motivo per cui stiamo imparando ciò che stiamo imparando!" Guarda! Ecco com'è quando tutto quanto è maturato.

D: Loro lo percepiscono?

M: Sì, oh, c'è... siamo stati avvolti dalla sua Luce. È la più meravigliosa... insolita...(La sua voce era così piena di gioia e che aveva difficoltà a finire le frasi).

D: Sensazione?

M: Sì. È come essere fuori dal tempo e spazio. Siamo tutti nella sua sfera di luce bianca (Sospiro profondo). Vuole sapere cosa hanno imparato i bambini.

D: Oh, sta parlando con loro?

M: E "qual è il vostro gioco preferito?" e "qual è la vostra canzone preferita?" e " fatemi vedere?" e ... ma i bambini sono troppo eccitati di stare assieme e... (Risata di piacere).

D: La gente lo ha seguito?

M: Ci sono delle persone, sì, laggiù. È come se i bambini avessero trasformato anche la gente. Adesso non percepisco la gente così nera, massa densa, ma piuttosto come raggruppamento di colori, tanti colori, consistenze e forme. Non siamo sullo stesso piano su cui sono loro.

D: Vuoi dire che è successo qualcosa quando lui è venuto da voi?

M: Sì. Siamo sospesi in questa atmosfera. (Risolino). Siamo nel nostro proprio mondo (Risata felice). È molto piacevole.

D: Sta parlando anche con te, o solo ai bambini?

M: È come se lui capisse chi sono io. E non è necessario parlarne. È come se lui fosse un esempio per i bambini. La sua presenza qui, il tempo che lui ha trascorso con i bambini in questo momento, rimarrà con loro per tutta la loro vita. Questo è il motivo principale per cui si è avvicinato, perché i bambini avessero questa esperienza di energia e di connessione, e fossero elevati in questa luce bianca, per essere fuori dal tempo e dallo spazio. I bambini si ricorderanno di questo... anche in altre vite. Loro hanno avuto questo contatto.

D: Ha parlato con loro, o pensi che solo rimanere vicino a loro sia stato sufficiente?

M: Si è inginocchiato verso di loro. È alla loro altezza. Le sue braccia li circondano. I bambini sono eccitati e loquaci. Sembra essere in grado di poterli capire tutti allo stesso momento. (Pausa). Guarda verso di me. (Respiro profondo) Lui comprende la conoscenza che non mi è permesso condividere. Oooh lui mi vuole bene, per ciò che sono in grado di fare. Sembra che questo sia sufficiente, lavorare con i bambini. Condividere ciò che posso con le loro giovani menti in crescita sarà sufficiente. Sarà sufficiente. Oooh! Quell'uomo! Io credo che lui mi abbia tolto il dolore.

D: Ti ha toccata?

M: No, ma il dolore non c'è più.

Lei era così immersa nella sua incredibile esperienza che mi sentivo quasi un'intrusa.

D: Ti ha parlato, o ha solo comunicato con te mentalmente?

M: C'è stata un'intesa tra le nostre due menti. Lui... lui ha lo stesso fardello. Lui ha così tanta conoscenza e comprensione. E sembra che anche lui non possa condividerla. Quella potrebbe essere la connessione tra noi due che lo ha portato fin qui. (Respiro profondo). Abbiamo un percorso simile. Abbiamo un'intesa.

D: Ha smesso di parlare alla gente mentre tutto ciò accadeva?

M: Sì. Aveva finito con ciò che doveva condividere con loro. È stato come se venire verso di noi fosse un gesto personale da parte sua. E la gente non era coinvolta in questo. Loro erano semplicemente spettatori. Erano lì e sono stati testimoni, ma non hanno partecipato. Nemmeno penso abbiano capito di cosa siano stati testimoni. Non sarebbe una sorpresa se fossimo stati anche invisibili. (Risata). Eravamo molto molto alti.

D: Cosa intendi con molto alti?

M: Oh, voglio dire che eravamo ingranditi nella luce. È... eravamo luminosi.

D: Le altre persone probabilmente non hanno visto nulla fuori dell'ordinario. Cosa sta facendo ora?

M: (Sottovoce). Ho una tranquillità ora che è difficile farmi muovere da lì

D: Lui è ancora lì?

M: Credo che sia ancora lì. Sembra che io abbia lasciato il mio corpo. E devo ritornare nel mio corpo.

D: Sì, per i bambini. Non puoi lasciarli lì.

M: Oh, siamo tutti al sicuro. È solo fino a che io non rientro nel mio corpo. Non sono molto brava in ciò che stiamo facendo (respiro profondo).

Faceva respiri profondi, apparentemente nello sforzo di ricollegare se stessa.

M: È stata una guarigione. Come se avesse preso su di sé ciò che era così doloroso per me. Lui mi ha veramente liberata. E so che questo è il motivo per cui ho difficoltà a tornare.

D: Forse la tua testa non ti darà più così fastidio.

M: *(Sottovoce). Se ne è andato. Il dolore se ne è andato. Credo che questo è ciò che lui fa. Credo che lui potrebbe avvolgere uno di quei pezzi di carbone e loro diventerebbero un diamante (Risatina). Io credo che lui abbia questo tipo di comprensione e ...livello. È ad un livello che non ho mai conosciuto. Non sono nemmeno sicura di aver capito che esistesse questo livello. Lui è ancora con noi. Siamo ancora nella sfera di luce bianca, ma siamo stati sospesi. Siamo fuori dal tempo. I bambini sono fuori dal tempo con noi.*

D: Immagino sia una sensazione molto strana, ma non è spiacevole, (volevo assicurarmi che fosse a suo agio).

M: *Oh no, chi vorrebbe lasciare questo? No, questo è un livello molto elevato.*

D: Mi domando come mai le altre persone non lo sentono quando lui parla a loro.

M: *Credo che non abbiano aperto il corpo e mente per ricevere questo. È quasi come se lui ci avesse dato un regalo, come riconoscimento del nostro raggiungimento, ci avesse aiutato ad avanzare sul nostro sentiero, semplicemente venendo vicino e stando con noi. Portandoci nella sua luce e nella sua vibrazione. È come se ci avesse dato un regalo. Saremo tutti diversi quando questo sarà finito.*

D: Quindi non ha dovuto toccarti, o parlare con te?

M: *No, ciò che lui ha fatto è stato riconoscere i bambini nel loro livello, così che capissero quanto sono importanti. Ciascuno di essi individualmente sono un'anima molto degna, con i propri regali speciali e i loro compiti speciali. Inginocchiandosi con loro, toccandoli e permettendo che lo toccassero, ha fatto sì che avessero una completa convalida dei loro spiriti individuali. E quando lui si è alzato ed è diventato uno con me, loro hanno testimoniato la trascendenza. Questo gli ha permesso di trascendere e conoscere i loro spiriti al di fuori dei loro corpi. Ora essi hanno questa verità della realtà dello spirito che dimora all'interno.(Tutto ciò venne detto sottovoce e con meraviglia).*

D: E nessuno potrà mai portaglielo via. Forse è stato più facile per i bambini perché erano più aperti.

M: *Si, sono ancora spiriti giovani in quei piccoli corpi. Non sono stati (risatina) densificati*

D: Questa è una bella parola.

M: *Sono ancora luce. Ma sono sicura che questo non può continuare per sempre. Noi stiamo… stiamo ritornando al nostro stato di tutti i giorni.*

D: Che è abbastanza diverso.

M: Sì. E quindi lui deve andare. Lui ci benedice mentre cammina giù per le scale. Lui dice che spesso non ha questa opportunità, e che è stato un regalo speciale per lui come per noi. Come se noi fossimo speciali. Noi siamo stati tanto un regalo per lui come lui per noi

D: Questo è molto bello. Avete avuto un ruolo da svolgere, anche per essergli di aiuto.

M: Sì. (si rivolse ai bambini). Bene, ora, bambini. Quella è stata una bella esperienza vero?

D: Cosa dicono?

Ignorandomi, si rivolse ai bambini e cominciò a riflettere sull'esperienza.

M: Possiamo realizzarlo. Così com'era lui anche noi possiamo essere. Abbiamo le nostre piccole comprensioni che ci preparano per comprensioni più grandi. E se siamo in grado di toccare tante persone quante vogliamo in questa vita, noi sappiamo che le nostre anime hanno fatto un enorme progresso in un unico momento. Noi abbiamo avuto un dono. È come se... oh! L'enormità di questo dono è travolgente. Oh! È come se fossimo stati catapultati di anni e anni in avanti rispetto ora. Lui è stato in grado di collassare il tempo. È come se noi fossimo molte vite più avanti ora di quanto non lo fossimo un momento fa. I bambini sono ora molto dimessi con me. Si rendono conto che ora siamo diversi. (Sospiro profondo) È giunto il momento per noi di riallinearci ai nostri corpi e menti. È l'imbrunire. I genitori stanno per venire a prendere i bambini.

D: Mi domando cosa diranno ai loro genitori, se lo faranno?

M: Non lo so. I bambini hanno diversi gradi di comprensione con i genitori.

D: Questa sembra essere stata un'esperienza straordinaria.

M: Sì. Sembra così anche a me. È stato...un enorme dono.

D: Chi era quell'uomo? Lo sai?

M: Non ha mai detto il suo nome. Io non l'ho mai chiesto. Ma lui era di Luce. Lui era come un Figlio di Dio. Lui aveva una conoscenza più alta di chiunque tra di noi, che abbia potuto raggiungere una certa comprensione sulla terra in questo periodo storico. È come se lui fosse l'incarnazione di tutti i misteri che mi sono stati insegnati. Lui era un prodotto finito. Ciò che ha condiviso con noi è stato... ci ha elevato ad una

41

dimensione diversa. E facendo così ci ha fatto sperimentare ciò che siamo anche in grado di fare.(Sospiro) e così...

D: Tu hai detto che era come il Figlio di Dio. Non siamo tutti considerati figli di Dio?

M: Sì, lui era solo più vicino nelle sua capacità. Sai i pezzi di carbone di cui ti avevo parlato prima? Loro hanno un lungo cammino prima di diventare quel tipo di luce. I bambini ed io non siamo pezzi di carbone, ma neanche al livello al quale è lui. E tutti noi stiamo ritornando alla nostra luce che proviene da Dio. Questo uomo che camminava sulla terra, pur essendo a quel livello... è... io non riesco ad afferrare... lui è una persona molto speciale.

D: Penso non ce ne siano molti così in giro vero?

M: No, non ho mai incontrato nessuno così. Lui ha una missione. È come se, quando ci ha lasciato, ritornasse sul sentiero che aveva stabilito per sé, su cui camminare. E questa deviazione solo per noi... era semplicemente questo. Non era il sentiero principale che stava percorrendo. Ma sicuramente è stato un dono per tutti noi che lui abbia preso una deviazione. È come se io e i bambini abbiamo nutrito lui come lui ha nutrito noi. (Improvvisamente ritornò indietro a quella realtà). E così (sospiro) l'ultimo dei bambini sta andando via. È ora che accenda le candele. Avrò molto su cui riflettere nel mio letto stanotte.

D: Di sicuro. E ti ringrazio veramente per aver condiviso l'esperienza con me. Quando ritornerò mi parlerai ancora di cose come queste e condividerai l'esperienza con me?

M: Non credo ci saranno più esperienze come questa.

D: Anche se non saranno così. Vuoi condividere la tua conoscenza con me?

M: Si, certo (commossa) condividerò la mia vita con te.

D: Sarei onorata se tu lo facessi.

M: Adesso devo stare da sola.

D: Lo capisco. Penso che sia importante per te ora rimanere da sola per riflettere su ciò che è accaduto. Ti ringrazio veramente e voglio ritornare di nuovo in un altro momento.

M: Grazie.

D: Bene. Lasciamo la scena. Allontanati da quella scena e lascia che Abigail vada a riposare e a riflettere su ciò che ha sperimentato.

In seguito riportai Mary alla piena consapevolezza dello stato di veglia. Questa esperienza era stata così profonda che è impossibile trasmettere la forte emozione registrata su nastro. La sua voce era morbida e carezzevole come il velluto mentre raccontava l'esperienza, ne era totalmente meravigliata e trascinata. Io ero profondamente commossa mentre la ascoltavo e cercavo di assorbirne la meraviglia per osmosi. Mi sentivo spesso un'intrusa facendo le mie domande. Quando la riportai avanti nel tempo e la svegliai, lei era ancora presa dall'incantesimo dell' esperienza. Sembrava che volesse aggrapparsi ad essa più tempo possibile, sapendo molto bene che presto sarebbe svanita. Sebbene fosse sveglia rimase sdraiata tranquillamente sul letto Ripassando tutti i dettagli nella mente. Era un evento totale, onnicomprensivo di incredibile bellezza e non voleva lasciarlo andare.

Riaccesi il registratore, e ciò che segue fu parte della conversazione dopo il risveglio.

M: *Ricordo di essere nella mia celletta dove dormivo, con gli occhi sbarrati, non so se fosse ancora la carica dell'energia di luce intorno a me, o il cercare di ricordare ciò che era accaduto. Ma non ci fu sonno per me quella notte.*

Incominciai a parlare più forte e a muovermi per la stanza cercando di rompere l'incantesimo che si era creato.

D: Sì. Quella è stata una bella esperienza, vero?
M: *(Non voleva ancora lasciarla). Eravamo... era come se fossimo stati rimossi dalla terra. Era come se fossimo stati afferrati dalla sfera di luce. Eravamo fuori dal tempo e dallo spazio. Non posso fare a meno di pensare che siamo diventati invisibili.*
D: Immagino che nessuno che osservava sapesse cosa stava succedendo. Probabilmente non hanno visto nulla di insolito.
M: *Non lo so, non so come funziona.*
D: Hai detto che tutte quelle persone erano come pezzi di carbone. Probabilmente non hanno capito comunque. Probabilmente hanno solo visto un uomo che giocava con i bambini.
M: *Non lo so, probabilmente era un'esperienza anche per loro. Io penso che lui poteva dimostrare quello alle folle, anche se noi eravamo nel nostro proprio ambiente. La gente doveva essere in grado di distinguere il cambiamento nei nostri corpi fisici. Noi ci siamo espansi. La luce ha espanso i nostri corpi, dovevano essere stati in grado di... forse era una dimostrazione. Che quest'uomo dicesse: "questo è ciò che è*

43

possibile. Guardate questi bambini che sono puri e senza paura. Guardate cosa possono diventare. E guardate questa donna che è piena di fiducia e di fede. Guardate come può essere trasformata. Questo lo potete fare anche voi." Io credo che abbiano visto un cambiamento in qualche bambino.

D: Si, è difficile dire quanto potrebbero aver visto. È stato molto bello. Credo sia il momento di tornare nel qui e ora. Ma è meraviglioso che tu possa ricordare cosa si provava. Potrai tenere quello come un dono. La maggior parte delle persone non si ricorda quando si sveglia.

M: C'è stata un'enorme liberazione. Tutto il mio corpo è stato alleggerito, non so dove sia andato. Ma lui è stato in grado di portarlo via. Non so come abbia fatto. Poiché lui ha compreso la costrizione della mia mente. È stato come se potessi liberarla. Perché qualcuno ha capito.

D: Pensi che potrai usare questa esperienza nella tua vita presente?

M: Credo che questa memoria sia stata un dono per me. E mentre continuo il percorso in questa vita, potrò fare riferimento ad essa. Ricordi che ho detto che i bambini, quando sarebbero cresciuti, sia che se ne rendessero conto o meno, avrebbero avuto queste impostazioni nella loro vita? Questo è ciò che è stato dato a me qui. Sia che rimanga nella mia mente conscia oppure no, può diventare parte di questa vita presente. E quando ne ho bisogno, potrò usarla.

D: Molto bene.

Normalmente il soggetto non mantiene memorie vivide della sessione quando sono in uno stato abbastanza profondo da identificarsi totalmente con l'altra personalità. Ma in questo caso avrei scoperto che il subconscio aveva un valido scopo per permetterle di ricordare. La memoria non avrebbe pregiudicato la sua vita attuale, anzi avrebbe innescato importanti cambiamenti che l'avrebbero fortemente migliorata.

Mary pensò che non c'era più necessità di altre sessioni. Lei aveva ricevuto abbastanza su cui riflettere per parecchi mesi. Mentre l'inverno discendeva sulle nostre montagne dell'Arkansas, ciascuno di noi tornò alla routine quotidiana.

Circa un mese dopo ci incontrammo ad una festa, e Mary venne da me, mi gettò le braccia al collo, e mi disse che le avevo cambiato l'intera vita. Disse che la regressione aveva avuto un profondo effetto su di lei. Le aveva aperto un nuovo mondo.

Quando ci sedemmo in un angolo tranquillo lei mi confidò che era stata sposata e divorziata tre volte. Sembrava sempre che cercasse qualcosa che non riusciva a trovare. I suoi mariti non erano persone cattive, erano semplicemente umani, eppure lei aveva trovato colpe in ciascuno di essi. Ora lei si era resa conto che aveva sperimentato un profondo amore non terreno per questo uomo nella sua vita passata, e aveva cercato di ritrovarlo da allora. Ma inconsciamente lo cercava in uomini mortali, e non lo avrebbe mai potuto trovare lì, perché un tale amore così profondo e altruista non era di questa terra. Nessun maschio umano poteva essere all'altezza. Lei aveva provato a cercare questa incredibile emozione in tutti i suoi mariti e poiché loro erano umani, non era lì. Con delusione continuava a cercare invece di accontentarsi del minore amore mortale di un essere umano. Consciamente non aveva capito il perché di questa ricerca e bisogno di perfezione e amore perfetto.

Mary disse che dalla regressione in poi, la sua vita era stata trasformata. Un nuovo mondo si era aperto ed era meraviglioso. Per la prima volta nella sua vita si era permessa di relazionarsi con un uomo nella maniera normale, ed era una esperienza totalmente nuova. Lei sapeva ora che poteva avere una relazione con un uomo e lasciarlo essere umano, con difetti e tutto. Lei sentiva come se fosse stata liberata da un terribile peso. Le sue eccessive aspettative di ciò che l'amore dovrebbe essere, erano state messe al loro giusto posto. Lei comprese che un tale amore incredibile era vero, e lo aveva sperimentato, ma lei comprese anche che non lo avrebbe trovato mentre era viva, perché tale amore non era di questa terra.

Desideravo esplorare ancora la vita di Abigail, ma questo probabilmente non doveva essere. Mary divenne molto impegnata con un'attività di successo e con un nuovo interesse amoroso nella sua vita. Quando la vedevo ogni tanto, sembrava essere felice e in pace con la vita, ma non sentì più il bisogno di regressione. Lei credeva di aver trovato soluzione al suo problema più urgente, e questa è la parte più importante del mio lavoro. Il mio desiderio è di aiutare le persone a regolarsi cosicché possano vivere nella maniera più efficace la loro vita attuale, senza problemi e schemi che derivano da altre vite passate e che gocciolano ed interferiscono in essa.

Non fui mai in grado di scoprire cosa ne fu di Abigail. Apparentemente lei era impegnata a prestare la sua opera nel Tempio e doveva rimanere là. Ma mi piace pensare che la sua vita divenne più facile dopo il suo incontro con Gesù. Lei disse che lui aveva alleviato il dolore nella mente, e le aveva mostrato che il suo lavoro con i bambini era importante e sarebbe stato sufficiente, anche se lei non trasferì mai la grande conoscenza che le era stata data. Forse escogitò modi sempre più intelligenti di impartire questi insegnamenti ai bambini, senza che i sacerdoti lo sapessero.

Certamente i bambini crescendo non avrebbero dimenticato la sua gentilezza. Magari tornarono per altri insegnamenti. Magari trovò uno studente speciale. Qualunque cosa sia successa a lei in quella vita, io sento che la vita di Abigail fu anche benedetta da questo incontro. Sento anche che la mia vita fu benedetta dal fatto che mi permise di rivivere con lei questo momento. Anch' io fui in grado di percepire l' incredibile amore attraverso le sue parole. Abigail ha comunicato più conoscenza di quanta si renderà mai conto, mandando questa informazione avanti nella nostra epoca. Grazie Abigail, tu sei veramente una devota, premurosa e meravigliosa insegnante.

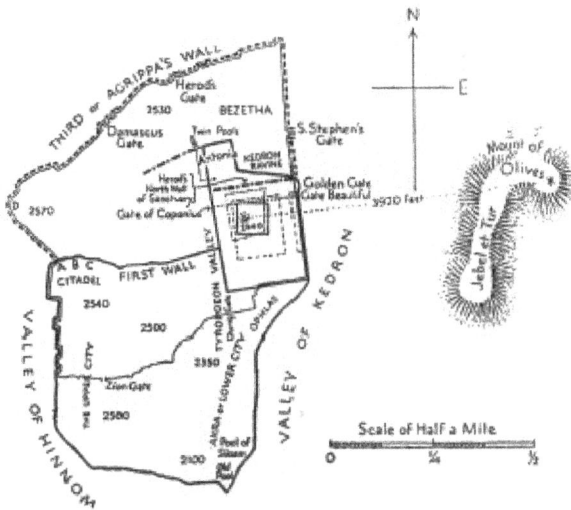

Herod's Jerusalem

La Gerusalemme di Erode

Un modello del Tempio di Erode da sud-est

CAPITOLO IV
IL TEMPIO E LA VECCHIA GERUSALEMME

Il materiale in questo libro è stato ottenuto tra il 1986 e il 1987 attraverso la regressione nelle vite passate dei soggetti. È rimasto indisturbato nei miei archivi fino a che il mio editore suggerì nel 1993 che scrivessi la continuazione di "Gesù e gli Esseni". Sapevo a quel tempo che avrei dovuto fare la ricerca necessaria per confermare o negare i riferimenti storici e le implicazioni nella narrativa. Questa è la parte necessaria, e nel mio caso, divertente del mio lavoro.

Il regressionista attento che lavora in questo campo non fa alcun tipo di ricerca fino a che le sessioni sono terminate. È stato ipotizzato che se l'ipnotista o il soggetto hanno una qualsiasi conoscenza del periodo storico o del materiale, questa potrebbe essere trasmessa inconsciamente dalla ESP (Percezione Extrasensoriale)- che io considero un fenomeno importante in sé, se potesse essere provato. Ho avuto soggetti che indicavano che erano coscienti di cose che accadevano nella stanza, che normalmente non avrebbero potuto vedere o sentire. Loro spesso rispondevano ad una domanda prima che io la ponessi, come se la raccogliessero dalla mia mente. Io so di non fornire inconsciamente le risposte e loro non cambiano il racconto per adeguarsi a ciò che io sto immaginando, perché io posso avere un'immagine in mente di ciò che può accadere dopo, ed è spesso completamente sbagliata. Sembrano raccontare gli eventi dal loro unico punto di vista, ed io non posso fare nulla per influenzare ciò. Ho svolto dei test molte volte per provare, con mia soddisfazione, che non avviene condizionamento. Ma se né io né il soggetto abbiamo una conoscenza antecedente della materia, del periodo storico, o della zona geografica, allora le risposte devono arrivare da qualche altra parte oltre che dal nostro subconscio. Per questo motivo ai regressionisti viene consigliato di non fare alcuna ricerca fino a che il caso non è completato.

Negli ultimi stadi di preparazione di questo manoscritto decisi che era tempo di frugare nei vecchi volumi impolverati della biblioteca universitaria dove conduco le mie ricerche. Se non riesco trovare ciò che voglio, hanno un sistema di prestito interbibliotecario molto affidabile che può localizzare qualsiasi libro negli Stati Uniti. Il loro computer trova il libro, normalmente in altre biblioteche universitarie, e mi viene spedito. Questa è la parte del mio lavoro che più mi affascina. Adoro ricercare attraverso vecchi libri, trascorrendo ore di lettura per trovare un dettaglio significativo. È come trovare un diamante in un mucchio di sabbia, e la ricerca procura una tremenda soddisfazione.

Alcune delle informazioni che ho trovato può essere conoscenza comune per gli Ebrei che sono interessati alla storia del loro paese natale, ma non erano certamente note a me essendo una Protestante Americana. Le includerò qui allo scopo di dipingere il quadro della zona così come esisteva durante il tempo di Cristo. Le giuste descrizioni dei dintorni sono importanti per qualsiasi narrazione.

Milioni di turisti viaggiano verso la Terra Santa ogni anno, aspettandosi di visitare gli stessi posti dove Gesù viveva, insegnava e dove morì. Io ho scoperto che ciò è impossibile perché quei luoghi non esistono più. Persino sperare di camminare sulla stessa terra che Gesù calpestava sarà impossibile perché il terreno è molto cambiato.

Oggi Gerusalemme è una città sacra per tre delle più importanti religioni del mondo: la Ebraica, la Cristiana e la Mussulmana. Per le prime due è considerata la Città Santa, e per la terza, città seconda solo alla Mecca e Medina. Probabilmente per questo motivo più che per altri, Gerusalemme ha mantenuto la sua ininterrotta esistenza e non potrà mai morire fino a che l'umanità continuerà ad avere qualsiasi credenza religiosa.

Per questo libro mi concentrai sul trovare dettagli a proposito del vecchio Tempio di Gerusalemme, e su Gerusalemme stessa. Volevo vedere se la descrizione di Abigail del Tempio poteva essere verificata. Ciò che trovai mi sorprese. È risaputo che molte città antiche sono scomparse e le loro tracce seppellite dalle sabbie del tempo. Queste sono spesso localizzate attraverso una accurata ricerca e riscoperte pezzetto dopo pezzetto dalla spatola dell'archeologo. Comunque ho ipotizzato che se una città è rimasta nella stessa posizione per migliaia di anni, allora i resti della antica civiltà siano rimasti conservati. Ho visto rovine in Inghilterra che risalgono a molti secoli fa. Roma ha ancora le rovine del Colosseo e di altre strutture antiche. Perciò pensai che la stessa cosa potesse essere vera anche per Gerusalemme. È stata il centro di così tanta attenzione religiosa attraverso le epoche, che ho presupposto che alcuni dei siti antichi si siano conservati.

Scoprii però che questo non era vero. Incredibilmente ho scoperto che assolutamente nulla del tempo di Cristo è sopravvissuto. Nessun sito è stato protetto da mura e mantenuto per i posteri, perché all'epoca in cui i fatti accaddero non c'era sentore dell'importanza e dell'influenza che avrebbero avuto nel mondo centinaia di secoli dopo. Può essere uno shock venire a sapere che la maggior parte dei siti mostrati ai devoti pellegrini in realtà non hanno fondamento. Le chiese cristiane in Israele furono costruite sui presunti luoghi della Sua nascita e morte, e così via, si suppone che siano i luoghi corretti ma non sono necessariamente autentici. La maggior parte dei luoghi santi mostrati a Gerusalemme sono stati gradualmente selezionati durante il corso di molti secoli a beneficio dei pellegrini Cristiani ed alcuni dei siti sono stati spostati o raggruppati, per maggior convenienza.

Per oltre 3000 anni la zona di Gerusalemme fu conquistata ed occupata da civiltà e culture molto diverse. La città è passata attraverso una serie costante di modifiche, demolizioni e ricostruzioni. Il materiale usato in un'epoca è stato più volte riusato, qualche volta sparso durante il procedimento in luoghi diversi. Opere che possono essere servite ad uno scopo, sono state modificate e ricostruite, in modo tale da non riconoscere quasi il loro uso originale. La zona della Terra Santa e i luoghi sacri sono cambiati così tanto che pochi posti possono essere identificati con certezza. Persino il punto esatto della vecchia città biblica di Betlemme non è stato ancora accertato. Sicuramente era un sito più piccolo rispetto ad oggi. Gli studiosi ora dicono che, sebbene la popolazione fosse aumentata durante il censimento, non c'erano probabilmente più di quindici bimbi maschi nati in quel momento cruciale. Questo aveva reso facile ad Erode rintracciarli, ed è opinione unanime che non ci fu l'enorme massacro di bambini così come viene dipinto nei film.

51

L'attuale Gerusalemme è costruita in larga parte a nord-ovest dell'antica città. Cionondimeno è possibile recuperare un'immagine abbastanza accurata della città all'epoca di Gesù. Dal Monte degli Ulivi uno poteva guardare direttamente la Città Santa attraverso la valle del Kedron. Al tempo di Cristo, Gerusalemme giaceva sopra una collina, e il Monte del Tempio era circondato su tre lati da enormi mura. Dava l'impressione di un'imponente fortezza collocata su una posizione inaccessibile, e in effetti aveva resistito alla prova del tempo contro innumerevoli attacchi nemici. Rocce nude scendevano ad est e nei lati ovest e sud in ripide vallate (la valle del Kedron e la valle dell'Hinnom) e funzionavano come bastioni di difesa naturale. All'epoca di Cristo la città era separata da un burrone, la valle Tyropoeon, e divisa in due parti definite. Questa valle profonda era attraversata da un ampio viadotto o strada rialzata in pietra, supportata da enormi archi.

Gerusalemme è stata distrutta e ricostruita così ripetutamente che la città giace sopra la città. In alcuni punti le strade moderne sono quasi cento piedi sopra il livello della vecchia città, seppellita sotto le macerie che ha accumulato dall'antichità. La valle Tyropoeon è ampiamente riempita e rimane solo un basso avvallamento chiamato el-Wad. Perciò la topografia della terra attorno la Città Santa è cambiato considerevolmente dall'epoca di Cristo. Le vallate intorno Gerusalemme sono state riempite con l'accumulo delle epoche.

La collina più ampia ed alta sul lato ovest della valle Tyropoeon era il sito della Città Alta, che l'antico storico Josephus chiamò il Mercato Alto. Si può ipotizzare che questa parte della città fosse in origine un mercato. La collina più bassa ad est, che digradava dalla zona del Tempio, era chiamata Acra ed era il sito della Città Bassa. L' area del Tempio era la "terza collina". A nord del Tempio c'era la "quarta collina", dove la città in crescita si stava espandendo. L'ultima e più recente parte era chiamata secondo Josephus, Bezetha (probabilmente con il significato "Casa degli Ulivi") e anche Città Nuova. Quest'area non era ancora circondata da mura all'epoca di Cristo. Gerusalemme era all'epoca più una città collinare di quanto lo sia oggi, e le case erano costruite su ripide digradazioni. Le strade strette spesso prendevano la forma di gradini ed erano perciò inaccessibili a carri e cavalieri.

Agli Ebrei piaceva considerare Gerusalemme come il centro del mondo, ed essa poteva in effetti essere chiamata l'ombelico del mondo antico. Le diverse nazionalità della Palestina, ed il grande flusso di stranieri a Gerusalemme, fornivano una grande varietà di tipologia umana ed una pluralità di lingue che si sentivano per le strade. Il Greco, l'Ebraico e l'Aramaico erano le lingue principali. Molte delle nazionalità avevano il loro quartiere a Gerusalemme, e in particolare le loro sinagoghe e templi.

Alcune di queste mura che cingevano il monte del Tempio erano originariamente dei veri precipizi con un dislivello di trecento piedi fino al fondovalle. Gli scavi sembrano confermare l'affermazione di Josephus che ai giorni del Re Salomone, l'enorme parete ad ovest si offriva alla vista in tutta la sua altezza, misurando ottantaquattro piedi dal fondo roccioso al livello del marciapiede del Tribunale, e sopra questa sorgeva la parete del chiostro che torreggiava sul Tribunale. Questa affermazione fu per anni considerata un'esagerazione di Josephus.

Un altro meraviglioso ponte costruito in pietra attraversava il profondo burrone della valle di Kedron sul lato est del Tempio, e univa quella sezione al Monte degli Ulivi. Questo veniva descritto come una strada rialzata costruita con archi sopra archi, quelli superiori che si ergevano sulla corona di quelli inferiori. A quei tempi c'erano enormi sottostrutture che venivano costruite per ottenere una superficie a livello tra le colline irregolari. Sul lato più distante (il Monte degli Ulivi) c'era precedentemente una scala serpeggiante che portava giù nella vallata e poi su ripidamente alla porta est della zona del Tempio. Nei tempi antichi c'era una passeggiata spaziosa o terrazza larga cinquanta piedi davanti all'ingresso della Porta Dorata. Si dice che la Domenica delle Palme Gesù sia entrato in Gerusalemme in questa direzione dal Monte degli Ulivi. Giardini a terrazzo abbellivano anche i terreni che dal fondo valle di Kedron digradavano fino all'alta terrazza a fianco della parete del Tempio.

Josephus ci dice che al tempo di Gesù, Gerusalemme era costruita completamente con strutture a nido d'ape con gallerie sotterranee e passaggi interrati, usati non tanto per scolo o per seppellire, quanto per passaggi in tempo di pericolo. Quando i Romani invasero e distrussero Gerusalemme nel 70 d.C. trovarono che così tanti fuggitivi avevano trovato rifugio nelle camere sotterranee che fu necessario scavare sotterra in cerca del nemico. Centinaia di combattimenti si svolsero nelle viscere della terra. C'erano così tanti cadaveri in quei tunnel che un fetore velenoso usciva da ogni botola e presa d'aria, e l'aria della città era inadatta da respirare. Per evitare il diffondersi di malattie, i Romani chiusero le botole e prese d'aria e murarono le aperture verso i passaggi segreti. Queste antiche sezioni furono nel tempo dimenticate e molte andarono perdute.

Si sono avvicendati parecchi templi sul Monte del Tempio. Ai nostri giorni c'è la Cupola della Roccia, un posto sacro Mussulmano (moschea) che risiede al posto dei templi precedenti. Il posto si chiama ora Haram esh-Sherif, che significa "recinto sacro", ed è in effetti sacro per i Cristiani, gli Ebrei e i Mussulmani. Sono passati tremila anni da quando il Re Davide selezionò Gerusalemme come capitale del regno di Israele. Il Re Salomone (973-933 a.c.) costruì il primo tempio a Gerusalemme seguendo i progetti disegnati da suo padre Davide. Il tempio di Salomone occupava il sito dove ora si erge la Cupola della Roccia, sebbene il moderno santuario senza dubbio copra un'area maggiore di quello di Salomone. È stato ipotizzato che la Roccia Sacra, sotto la ricca cupola Mussulmana, sia la cima naturale della collina e fosse il sito del Tempio stesso. Questa roccia può benissimo essere servita come altare naturale fin dai tempi primitivi. Il Tempio e il Palazzo di Salomone erano racchiusi all'interno delle mura e separati dalla gran parte della città. Nulla di quelle strutture rimane ora sopra il terreno, sebbene sezioni importanti siano state scoperte sottoterra. Per aiutarci ad immaginare la ricostruzione del posto, abbiamo solo le annotazioni di antichi storici.

La storia di Gerusalemme è fatta di lunghe e turbolente conquiste da parte di molti diversi paesi e secoli di costruzione seguiti da distruzione totale e poi nuovamente ricostruzione. Scavi più approfonditi sono necessari per avere dati sufficienti sulla validità di una qualsiasi esistente teoria, per poter formulare un'accurata ricostruzione della piantina del Tempio Ebraico. Tali dati esistono, ma al momento giacciono sepolti sotto un vasto accumulo di macerie di molti secoli e rimangono sotto strade e case, così non possono facilmente essere effettuati nuovi scavi. Successive ricostruzioni causarono grande distruzione nella zona dell'antica città che era stata fino ad allora scavata.

I rabbini hanno una tradizione che dice che la copia originale della Legge è seppellita all'interno del recinto sacro dell'Haram (la zona che circonda la Cupola della Roccia). E si crede comunemente che l'Arca dell' Allenza, che scomparve improvvisamente e non fu più vista dopo la distruzione del Tempio di Salomone da parte del Re di Babilonia, venne nascosta ed ancora giace nascosta in qualche caverna al di sotto della Collina del Tempio.

Da qualche parte all'interno delle mura della Città Santa c'è il sepolcro reale dei Re di Giudea (come riportato nella Bibbia). Nella cripta reale riposano le ceneri di Davide, e intorno a lui da entrambe i lati ci sarebbero Salomone e i successivi principi della casa di Davide, che furono sepolti nello stesso sepolcro. Gli archeologi credono che quando le Tombe Reali verranno trovate sarà un complesso di camere e non una serie di camere individuali. Gli storici affermano che Re Erode il Grande sapeva dove era la camera di sepoltura e spostò alcuni dei tesori sepolti con i Re. Voleva condurre una ricerca più attenta, ma due delle sue guardie furono uccisi da una fiamma misteriosa che uscì dal sepolcro. Questo spaventò Erode ed egli abbandonò le tombe. Apparentemente non furono più disturbate e la loro posizione scomparve.

La città di Gerusalemme fu catturata dal Re Nabuccodonosor di Babilonia nel 598 a.c. Nell'ultima occasione in particolare, la città soffrì una terribile devastazione. I Babilonesi distrussero completamente la città di Gerusalemme – il Tempio e le mura vennero demoliti e gli abitanti furono esiliati. Nessuna ricostruzione importante venne effettuata fino dopo il 538 a.c., quando agli esuli Ebrei fu concesso di ritornare dalla Babilonia dopo cinquant'anni di prigionia. A quell'epoca la città fu lentamente e dolorosamente ricostruita. Nehemiah autorizzò la ricostruzione delle mura e del Tempio sullo stesso sito del Tempio di Salomone, ma su scala più piccola e modesta. Questo Tempio rimase per circa cinquecento anni, ma parte della muratura subì rovina e incuria. Questi resoconti del Tempio sono registrati nel Vecchio Testamento.

I Romani entrarono in scena molti secoli dopo quando i figli del governatore Hasmonean, Hyrcannus e Aristobolus bisticciarono per il trono. Questo aprì la strada alla caduta della terra a favore del potere dei Romani. Alla fine Roma proclamò Erode il Re di Giudea, una posizione che egli occupò dal 40 al 4 a.C. Erode il

Grande era un costruttore entusiasta, e fu sotto il suo regno che la città di Gerusalemme raggiunse l'aspetto che aveva all'inizio dell'era Cristiana. Gerusalemme fu trasformata in una città di gran lunga più forte di quanto non lo fosse stata fin dal tempo di Davide.

Erode era molto impopolare presso gli Ebrei. Invecchiando cercò di ingraziarsi il popolo. Era un uomo con considerevole gusto per l'arte delle costruzioni e conoscendo la profonda venerazione degli Ebrei per il loro santuario nazionale, concepì l'idea di porre rimedio ai vecchi rancori e rendersi popolare ricostruendo il Tempio. Questo forniva anche lavoro per molte persone e riduceva la minaccia di rivoluzione. L'offerta del re di ricostruzione fu in un primo momento accolta con dubbio e sospetto, ma Erode mantenne la sua promessa. Sì, era lo stesso Re Erode che si assicurò per sempre la sua malvagia reputazione per aver fatto uccidere i bambini nella ricerca dell'infante Gesù.

Aggiustò le mura e costruì tre possenti torri nel muro perimetrale della vecchia città. Adiacente alle tre torri c'era il palazzo di Erode. Quando la Giudea fu in seguito governata dai procuratori romani, questo enorme edificio divenne la loro residenza e sede del governo mentre erano a Gerusalemme. All'angolo nord-ovest della zona del Tempio costruì un elegante fortezza per i soldati, chiamata Antonia (prendendo il nome da Marco Antonio), la quale era collegata con i portici del Tempio attraverso due scalinate o ponti, di modo che potessero avere accesso immediato al Tempio se ci fossero stati problemi. Dal punto favorevole della fortezza era possibile mantenere una costante osservazione sulla città, la periferia ed il Santuario.

L'impresa architettonica più importante di Erode fu la ricostruzione del Tempio stesso. Sebbene sostenesse di fare il lavoro come pubblico benefattore, era probabilmente in effetti spinto dalla vanità. I lavori iniziarono nel 20-19 a.C., e la ricostruzione del santuario stesso fu completata in un anno e mezzo. La parte principale del nuovo palazzo fu terminata in circa otto anni, ma i lavori di abbellimento e l'erezione di corti esterne furono continuate attraverso l'intero periodo della vita di Cristo. L'esistenza del maestoso Tempio di Erode fu molto breve. Entro quarant' anni la profezia di Cristo che "non rimarrà una sola pietra su un'altra che non sarà abbattuta" (Marco 13:2) si avverò quando gli invasori Romani distrussero l'imponente edificio.

Tutti i resti del Grande Tempio di Gerusalemme sono scomparsi. Quando i Romani assaltarono Gerusalemme nel 70 d.C. il meraviglioso ed enorme Tempio fu bruciato e completamente raso al suolo. Tranne il palazzo di Erode che venne mantenuto per scopi amministrativi, l'intera Gersualemme fu spazzata via. Molte delle mura furono scavate fino alle fondamenta e le pietre gettate nei dirupi. I Romani volevano dare l'impressione che Gerusalemme non fosse più abitata, che non esistesse più. Ci fu una completa e totale demolizione e tutti gli abitanti furono o uccisi o trasferiti durante uno dei peggiori bagni di sangue della storia. Per rendere ulteriormente desolata l'intera area i Romani deforestarono le zone vicine dalla città per un raggio di oltre undici miglia. Essi così trasformarono una zona densamente alberata, con vigne e giardini in un vero deserto. La Palestina non recuperò mai più il suo precedente aspetto. Questo fu il periodo in cui Qumran, la comunità Essena vicina al Mar Morto, venne distrutta. La fortezza di Masnada fu presa, ma non prima che centinaia di persone commettessero suicidio, a seguito di un lungo assedio dei Romani.

Sin da quell' epoca studiosi ed archeologi hanno cercato di determinare esattamente come era il Tempio di Erode e dove si trovava sul Monte del Tempio. Le uniche rovine ancora in superficie sono sezioni delle enormi mura che sono sopravvissute. Le mura stesse erano un prodigio di ingegneria e tecnologia, descritte da Josephus come "l'opera umana più prodigiosa di cui si abbia notizia". Le fondamenta erano basate sul fondo di roccia fino a 100 metri sotto l'attuale superficie. Enormi rocce che pesavano diverse tonnellate ciascuna vennero scoperte. Le rocce erano state collocate così vicine che non si riusciva ad inserire un foglio di carta in mezzo, e non venne usato nessun cemento. Resti di questa muratura tipica Erodiana si possono ancora vedere nel Muro del Pianto sul lato ovest della zona del Tempio.

Al di sopra del terreno questo muro sembra essere stato ricostruito perché le pietre sono messe assieme in maniera non così attenta come in precedenza.
Le nove strisce più basse di pietra consistono di enormi blocchi, tipico della costruzione Erodiana, la più grande con dimensioni di sedici piedi di lunghezza e tredici di ampiezza. Sopra questa ci sono quindici file di pietre più piccole. Ci sono molte indicazioni che fanno supporre che questa sia una ricostruzione con del vecchio materiale. È difficile credere che i costruttori originali,

che si sono così impegnati per avere dei magnifici blocchi di pietra con le facce scolpite con precisione, abbiano messo queste altre pietre in stile così disordinato. Gli Ebrei vengono al Muro del Pianto dai tempi Biblici per lamentare la distruzione del Tempio.

Ci sono molte teorie sull'aspetto del Tempio ai tempi di Gesù, ma pochi fatti. Alcuni degli antichi storici – Josephus è il più eminente – hanno lasciato descrizioni e riferimenti nelle loro opere. Il Tempio fu costruito con la dura pietra calcarea che era stata scavata da enormi e profonde caverne sotto la parte a nord di Gerusalemme. Questo tipo di roccia poteva essere levigata fino a renderla lucida come il marmo. La zona del Tempio era benedetta da una fonte di acqua inesauribile, che proveniva da una sorgente naturale. C'era un meraviglioso sistema di bacini idrici sotterraneo interconnesso da tubature e condotti. Parte di questo sistema esiste ancora nelle camere sotterranee sotto l'attuale città.

Secondo Josephus le mura del cortile esterno del Tempio erano delineati da portici, e la basilica sul lato sud era particolarmente importante, con almeno centosessantadue colonne. Ciascuna colonna era un unico blocco di puro marmo bianco, ed era così ampia che tre uomini potevano appena cingerla allargando le braccia. Queste quattro file di colonne comprendevano tre spazi per camminare in mezzo a questi chiostri. I tetti erano adornati di belle sculture in legno di cedro e la parte davanti era in pietra levigata. Questo era ciò che si incontrava dopo essere entrati dalla porta attraverso l' imponente muro di cinta. Da qui il cortile aperto era piastrellato con tutti i tipi di pietre. Sembrava non esserci un motivo particolare per questa grande basilica con colonne, se non che fosse stata progettata per proteggere grandi folle dal sole o dalla pioggia, o per attirare il commercio. C'erano parecchie attività che si svolgevano sul Monte del Tempio, collegate alla vendita di animali e uccelli da sacrificare, e cambiavalute.

Al di là della basilica c'era un grande cortile esterno comunemente conosciuto come Cortile dei non Ebrei. Sebbene nel Tempio antico di Salomone solo gli Ebrei erano ammessi entro le mura, Erode sentì che doveva adattare una parte del Santuario all'uso di stranieri di tutte le nazioni. Questo perché vi erano molti Egiziani, Greci, Romani e appartenenti ad altre nazioni che risiedevano a Gerusalemme. Così venne costruito un grande cortile esterno, aperto a tutti coloro che desideravano camminare e dialogare in questo chiostro, che fu perciò chiamato Cortile dei Non Ebrei.

Accanto a questo c'era il cortile degli Israeliti, entro il quale nessun Non Ebreo era autorizzato ad entrare qualunque fosse stato il pretesto. Josephus afferma che questi due cortili erano separati da un muretto basso o balaustra di circa quattro piedi e mezzo di altezza, con tredici entrate o aperture. In cima a questa parete divisoria erano collocati ad intervalli, piccoli pilastri quadrati ciascuno portante un'iscrizione in greco che diceva che nessuno straniero doveva oltrepassare il muro, pena la minaccia di morte per i trasgressori.

Il Tempio era un enorme complesso composto da vari cortili, uno che portava all'altro fino a che si raggiungeva il Sancta Sanctorum in quello più interno. Le persone erano autorizzate ad entrare in ciascun cortile a seconda del loro grado di valore e pulizia. Questo era stabilito dalla Legge, o dall'elenco di regole di Mosè. Sul lato est del Monte del Tempio c'era il Cortile delle Donne. Si giungeva a questo entrando attraverso un portico di alte colonne (chiamato Sala di Salomone) e poi salendo una serie di gradini terrazzati, perché questa zona era ad angolo in salita rispetto al resto del Monte del Tempio. I gradini portavano da una zona all'altra, in progressione dal Cortile delle Donne su fino alla zona principale del Tempio. Gli Storici antichi dicono che la rampa di scalini era probabilmente interrotta da due ampi pianerottoli, con un terzo ampio gradino in cima. Forse questi gradini si estendevano per l'intera lunghezza del porticato.

Gli uomini Ebrei non potevano andare dentro l'area del Cortile delle Donne. Comunque, la maggior parte delle donne non poteva procedere oltre perché venivano considerate impure il più delle volte a causa del ciclo mestruale e delle conseguenze del parto. Ad alcuni uomini non veniva permesso di procedere oltre verso i cortili più interni, se avevano qualunque tipo di infezione o malattia, o se fossero entrati in contatto di recente con un cadavere. C'erano molte regole che riguardavano la pulizia delle persone e molti Ebrei rientravano prima o poi in queste categorie.

Al di là del Cortile delle Donne ce n'erano molti di più in cui solo alcune persone erano autorizzate, fino a che veniva raggiunta la camera santa. L'entrata est al Cortile delle Donne era distinta da porte pieghevoli di ottone di Corinto. Josephus dice che occasionalmente le riunioni pubbliche si svolgevano davanti a queste. Erano così massicce che necessitava la forza combinata di venti uomini per aprirle e chiuderle ogni giorno, poiché era illegale lasciare aperta qualsiasi porta del Tempio. C'erano altri nove cancelli e porte a questi cortili interni che erano completamente ricoperti di enormi placche d'argento e d'oro, così come i loro telai e architrave. Ma l'enorme cancello di ottone di gran lunga li superava in dimensione e valore.

Nel Cortile dei Sacerdoti e davanti all'edificio del Tempio stesso c'era un altare sul quale venavano fatti sacrifici ed offerte. C'era una serie di anelli sul pavimento dove gli animali da sacrificio venivano legati ad aspettare il loro destino. L' area conteneva anche otto tavoli di marmo sui quali le carcasse venivano scuoiate, lavate e preparate per l'altare. Il sangue delle vittime colava attraverso dei buchi nel pavimento, e tutta l'area intorno l'altare sembrava il mattatoio di un macellaio. Qui veniva bruciato l'incenso e si benedivano le persone, davanti coloro che avevano i requisiti per entrare nella zona del Tempio.

Non solo l'intera facciata del Tempio, ma il muro e l'ingresso tra il porticato ed il santuario, erano coperti di placche d'oro. Il santuario stesso era all'interno di questo cortile intimo e si raggiungeva attraverso una scala di dodici gradini. Era costruito in pietra bianca, a ciascuno dei quali Josephus attribuisce la dimensione enorme di circa trentacinque per dodici per diciotto piedi. Si dice che era all'epoca il più grande santuario religioso al mondo. Secondo Josephus la sua altezza e la sua larghezza erano uguali, ciascuna di cento cubiti (quasi centocinquanta piedi). Era coperto di placche d'oro, con uno specchio concavo dorato appeso sopra l'ingresso. Questo specchio rifletteva i raggi del sole all'alba con ardente splendore.

All'interno del Santuario c'era, come consuetudine, la divisione del Luogo Santo e del Sancta Sanctorum. Nel luogo Sacro c'era un altare, un candelabro in oro massiccio a sette braccia, ed una lampada che ardeva sempre. Le pareti del Sancta Sanctorum erano coperte d'oro ma non contenevano nulla poiché le immagini non erano permesse. L'alto sacerdote era l'unico essere umano che poteva entrare in questo posto sacro e solo in giorni speciali. Il Sancta Sanctorum si pensa sia stato situato sopra l'attuale Roccia Sacra dentro la Cupola della Roccia.

Solo l'ingresso a questa sezione sacra era visibile per le persone. Questa era coperta da una ricca tenda a sei colori che si muoveva al vento. Questa tenda nascondeva l'interno dorato e ciò che conteneva a tutti i laici. Questa è la tenda che fu lacerata in due da cima a fondo al tempo della crocifissione di Cristo.

Dal Monte degli Ulivi, il Tempio era direttamente in primo piano, dove ora si erge la Cupola sopra la Roccia Sacra. Circondato da colonnati sontuosi, i suoi cortili nascevano uno dentro l'altro, ognuno più alto verso il Santuario più interno, la cui facciata di marmo e oro splendeva e luccicava..

Lo scopo di Erode era apparentemente quello che il Tempio dovesse essere visibile da distante, e dominare i dintorni. Il materiale di costruzione di pietra calcarea bianca come la neve e il frontale quadrato coperto d'oro, avevano lo scopo di distogliere l'attenzione dal resto della città. Era perciò abbastanza naturale giurare "per tutto l'oro del Tempio".

The Temple Sanctuary

The Women's Court

Entrance to
Porch

←20 cubits wide→
by
40 cubits high

Wall
←5
cubits
thick

3←3←3←3←3← 7
cubits

The twelve steps approach to the Temple Porch

I dodici gradini si avvicinano al portico del tempio

62

Tutta questa estesa costruzione richiedeva un'enorme quantità di denaro; Erode impose tasse in maniera eccessiva e spietata e pensava sempre a nuovi modi per sovvenzionare i suoi tanti progetti. La gente veniva anche duramente tassata dai Romani per finanziare persino spese più grandi all'estero, che non portavano beneficio alle argomentazioni di Erode. Il popolo trovava queste imposizioni opprimenti. Ci furono aspre proteste contro lo sperpero di denaro che era stato veramente estorto dalla linfa vitale delle persone. Erode pensava che se la gente avesse visto che parte del denaro andava nel progetto visibile di ricostruzione del Tempio al loro Dio, allora sarebbero stati, almeno in parte, appagati.

Non si può interamente apprezzare il carattere del santuario di Gerusalemme a meno che non si consideri la concezione di "sacralità" e le preparazioni rituali alle quali coloro che desideravano "comparire di fronte al Signore" si dovevano sottoporre. Alcuni venivano incoraggiati ad estendere le regole di purezza nella vita quotidiana, per non suscitare l'ira di Dio. Le modalità dei concetti di Gesù erano diversi. Lui non attribuiva l'importanza ai vari stadi di sacralità nel santuario come facevano i bigotti a lui contemporanei. Lui sentiva che questi erano più preoccupati di concentrarsi sul rituale e sulla cerimonia piuttosto che su ciò che rappresentavano. Avevano dimenticato l'importanza dell'individuo e delle sue necessità.

Io credo che la zona dove Abigail svolgeva le lezioni ai bambini fosse il lato est della costruzione. C'erano altre rampe di scale che portavano dal Cortile dei non Ebrei al Cortile delle Donne, ma il gruppo di scalini a terrazza sembra coincidere con la descrizione della danza sui pianerottoli più larghi. Sarebbe dunque ragionevole che i sacerdoti avessero relegato Abigail nel Cortile della Donne, come si conveniva alla posizione in cui l'avevano confinata. Lei veniva mantenuta nel suo "posto adatto". Vicino a questa zona esterna c'era una sala per il deposito di strumenti musicali, il che combacia anche con la sua descrizione delle danze.

C'erano colonne alla fine del porticato est, questo poteva essere il luogo dove Gesù parlava alla folla radunata. L'enorme area con colonne a sud (basilica) all'ingresso del Monte del Tempio era troppo distante per permettere ad Abigail di vederlo e ascoltarlo chiaramente. Gli Storici sembrano concordare che Gesù e i suoi discepoli insegnarono nella zona del lato est del Tempio. Questo avrebbe un senso perché da lì Lui poteva parlare a chiunque, senza tener conto del loro grado di pulizia. Inoltre poteva essere ascoltato dagli Ebrei e non, poiché questa zona al di là della barriera era aperta a tutti.

Se le mie supposizioni sono corrette, allora Gesù avrebbe parlato al margine inferiore del Cortile delle Donne sotto il portico colonnato, mentre Abigail giocava con i bambini sui gradini a terrazza che portavano ai cortili più interni. Se Lui si fosse girato e l'avesse vista, avrebbe salito le scale verso di lei, mentre la folla osservava da sotto. Io penso che le scoperte degli storici e le interpretazioni di Josephus abbiano identificato questo come l'unico posto dove ciò sarebbe successo. E ancora più strabiliante, le scale, le colonne ed altri dettagli, ci sono tutti. Questi sono tutti fatti comprovanti non facilmente accessibili a chi non abbia fatto una ricerca approfondita.

Nei seguenti capitoli inserirò informazioni in merito a questa ricerca al loro giusto posto.

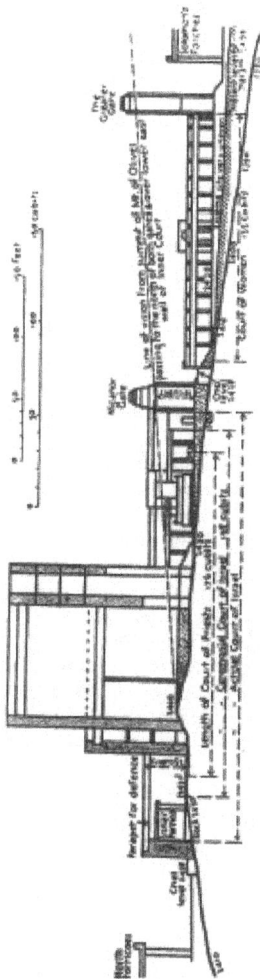

Prospetto in sezione del Tempio di Erode

CAPITOLO V
PRESENTAZIONE ALLA
NIPOTE DI GESÙ.

A sorpresa la successiva connessione con Gesù avvenne spontaneamente nel 1987, un anno dopo il mio lavoro con Mary. Ero ancora profondamente coinvolta nella traduzione delle quartine di Nostradamus (per i tre volumi *Conversazioni con Nostradamus*) ed ero ora diventata un'investigatrice UFO. Fui chiamata per svolgere un lavoro di ipnosi in casi di sospetta abduzione in Arkansas (vedi il mio libro *Keepers of the garden*). Il mio tempo era suddiviso tra i molti progetti, più la terapia sulle vite passate.

Anna era una delicata donna Ebrea, dalla voce carezzevole, verso la quarantina, nonostante il suo aspetto smentisse la sua età. Sembrava avere un'eterna giovinezza, e dava l'impressione di nascondere un adolescente birichino appena sotto la superficie. Lei era stata cresciuta nel Tempio Ebreo Riformato, e lei e la sua famiglia non conoscevano la lingua ebraica. Anna e suo marito avevano deciso di scappare dal rumore e affollamento di Los Angeles, dove era nata e cresciuta. Scelsero di vivere uno stile di vita più tranquillo sulle nostre colline dell'Arkansas e aprirono un'attività di B&B nella periferia di una cittadina turistica lì vicino. La conoscevo da parecchi anni, e avevo lavorato con lei come soggetto in molti progetti. Si era dimostrata essere un ottimo soggetto e io l'avevo condizionata ad entrare facilmente e velocemente in trance profonda. Posso dire in tutta sincerità che Anna è una di quei rari individui che non sono in grado di ingannare. Lei è la persona più attendibile che abbia mai conosciuto.

All'epoca di questo caso, Anna non aveva problemi specifici e non lavoravamo su nulla in particolare. Aveva sperimentato scene ricorrenti che le balenavano nella mente. Queste scene sembravano indicare Israele o quella parte del mondo. Erano semplicemente scene di strada e immagini di gente vestita con le tipiche vesti della zona. Non erano inquietanti, ma lei pensò che forse la sua mente subconscia stava cercando di dirle che aveva vissuto una vita passata in quel paese. Volle quindi esplorare la possibilità. Avevamo intenzione di vedere se potevamo trovare qualche informazione in merito durante la prima sessione.

Quando lei si accomodò sul letto, usai la sua parola chiave e iniziai la sessione.

D: Hai detto che hai visto delle scene recentemente che pensi potrebbero collegarti ad una vita passata. Vediamo se riusciamo a scoprire qualcosa in merito e se c'è qualcosa lì che hai bisogno di conoscere. Hai pensato che fosse a Gerusalemme, ma non lo sappiamo con certezza. Quindi se le scene che ti sono venute in mente hanno rilevanza e validità, vorrei che andassimo ad esplorarle e a vedere se c'è qualcosa che devi sapere. Conterò fino a tre e quando dico tre tu sarai là. 1... 2... 3... siamo andati al tempo che tu hai visualizzato. Cosa vedi? Cosa stai facendo?

Entrò nella scena in modo insolito. Parlava con un voce infantile, e stava sperimentando un'emozione tale che era sul punto di piangere.

A: Sono...sono una ragazzina. Non ho ancora tredici anni. Mi chiamo Naomi (pronunciato 'Naiomi') e non sono molto felice (quasi in lacrime). Oh è difficile da raccontare.
D: È successo qualcosa per farti stare così? (stava singhiozzando, così la tranquillizzai) Puoi parlare con me.
A: Vorrei essere un ragazzo. Allora potrei essere libera di fare quello che credo debba fare. E lo so. È difficile. (Scoppiò in lacrime).

Anna mi conosceva già e aveva un'intesa con me, ma qui avevo a che fare con un'altra entità. Dovevo guadagnare la fiducia di Naomi così si sarebbe sentita a suo agio nel parlarmene.

D: Lo capisco. Qualche volta si ha bisogno di qualcuno con cui parlare. Puoi sempre parlarne con me.

A: Devo diffondere gli insegnamenti perché io li comprendo così bene dal profondo del mio cuore. E lui mi ha guardato e mi ha detto che non potevo perché sono una donna e non sarebbe stato compreso. E... (singhiozzando) io lo amo così tanto.
D: Di chi stai parlando? Chi ti ha detto così?
A: Era...(singhiozzando) era il Nazareno.

L'unica persona che io abbia mai sentito chiamare con questo nome era Gesù. Questa fu una sorpresa. Dovevo fare le domande attentamente per determinare se era di lui che stava parlando.

D: Conosci il Nazareno?
A: Sì (singhiozzando). E volevo lasciare la casa dei miei genitori e camminare con lui, perché io so, io so che posso fare tutte queste cose (la sua voce era piena di dispiacere ed emozione). E non ho paura.

Incominciò a piangere, le lacrime scorrevano giù per le guance e bagnavano il cuscino.

A: Potrei tagliarmi i capelli e camminare in abiti da ragazzo. E non penso lo noterebbero. Ma io credo, io fermamente credo di dover camminare con lui, aiutarlo e prendermi cura di lui. Credo che lui abbia bisogno di me. Io credo che, se fossi nata maschio, lo avrei potuto fare. Ma per me non c'è nient'altro. E io non voglio fare altro.
D: Capisco.
A: Dicono che mio padre è suo fratellastro (tirando su dal naso) e se è così penso che potrei farlo.

Questa fu una grande sorpresa. Suppongo lei stesse parlando di Gesù, ma aveva dei fratellastri? In Gesù e gli Esseni veniva menzionato che Gesù aveva molti fratelli e sorelle, ma non eravamo entrati in contatto con loro in quel libro. Sebbene fossi confusa, dovetti pensare al modo di porre domande che non influenzassero la risposta.

D: Chi è tuo padre?
A: Mio padre è un fabbro ferraio. Lavora con il metallo. È colui che lavora il metallo nel villaggio. Lui costruisce serrature e varie cose con i diversi materiali che lavora.
D: Hai detto che è fratellastro di quest'altro uomo?

A: Questo è ciò che mi è stato detto, non so se questo è il motivo
per cui vogliono tenermi lontano da lui.
D: Come si chiama tuo padre?
A: Giuseppe

Un'altra sorpresa. Avevo scoperto che in quella cultura il figlio più grande veniva spesso chiamato come il padre.

D: Da quanto tempo conosci quest'altro uomo?
A: Io conosco da sempre. È sempre stato qui. Lui viene a casa mia
per trovare mio padre. Credo che abbiano affari in comune,
ma lui ha un'altra attività nel paese. L'ho sentito parlare ed è
come se parlasse con le mie parole. So anche che se ne andrà.
D: Dove andrà?
A: Prenderà un gruppo con sé e farà un viaggio. Un pellegrinaggio per diffondere gli insegnamenti. E so che quello è il mio posto. Ma mio padre non la pensa così. Mio padre ha timore per me, io no. Mia madre è una donna molto mite. Lei non dice nulla in merito-
D: Qual è la città o villaggio in cui vivi? Ha un nome?
A: Gerusalemme. Loro dicono...

Lei pronunciò tre parole che sembravano apparentemente Ebraico, una lingua di cui Anna non ha alcuna conoscenza. Fu difficile per me trascriverle foneticamente, così in seguito chiesi ad una persona che parlava Ebraico se riusciva capirle dalla registrazione del nastro. "Ma certo" disse lui, e mi diede la trascrizione: Yerushalaym shel sahay. Naomi continuò.

A: Ed ora so cosa significa. Non ho mai saputo veramente cosa
volesse dire.
D: Cosa esattamente?
A: Significa "Gerusalemme d'oro"

L'uomo ebreo disse che questa traduzione era assolutamente corretta. Poi spiegò perché Gerusalemme era chiamata così. Le case più vecchie erano fatte di un pietra calcarea locale color miele che davano a tutta la città una luminosità dorata quando illuminata dal sole. Questa sembrava una spiegazione plausibile, fino a che feci la mia ricerca sulla vecchia Gerusalemme. Tutti gli edifici nella città moderna furono costruiti successivamente al tempo in cui visse Gesù, così questo non corrispondeva, a meno che le case non fossero state edificate con lo stesso tipo di materiale duemila anni fa. Questa è una possibilità, ma la mia ricerca rivelò una spiegazione più logica del perché Gerusalemme era chiamata la città dell'oro.

Scoprii che gli edifici principali del Tempio erano stati costruiti con una pietra calcarea bianca del posto, levigata ad una tale lucentezza da sembrare marmo. La facciata dei palazzi era stata coperta con una placcatura d'oro e parecchie delle enormi porte che portavano al cortile interno o al santuario erano placcate d'oro o d'argento. Tutto ciò dava l'idea di un Tempio scintillante e doveva veramente essere una veduta notevole. Il Tempio veniva descritto così bello che se ne parlava in tutto il mondo antico. Evidentemente le persone chiamarono la città "Gerusalemme d'oro".

A: *Mi è sempre piaciuto il suono quando lo sentivo, ma non ho mai saputo cosa significasse. E significava ciò che lui sta diffondendo. Significava quella luminosità dorata che vedo emanare dalla sua zona del cuore. È quella luminosità dorata che deriva dall'amare, dalla gentilezza, dall'essere premurosi, dal fatto che non c'è paura o crudeltà. Quindi questo significa quel tipo d'oro. L'oro dell'essere. Non significa l'oro del metallo. Ecco cosa non capivo. Questo significa che lui ha reso d'oro Gerusalemme, per via di ciò che stava cercando di insegnare, e credo ora che lo capisco, di volerlo vivere. Voglio essere di aiuto. Voglio camminare con lui. Poiché so di avere la stessa energia amorevole, e potrei essere di aiuto. E non voglio che qualcuno mi sposi o si prenda cura di me, o diventare madre. So che potrei camminare con lui e imparare a curare e alleviare il dolore delle altre persone. E questo è ciò che voglio.*

D: Hai detto che conoscevi alcuni dei suoi insegnamenti. Hai studiato con lui o cosa?

A: *(risata) No, questo non è permesso. L'ho sentito parlare con mio padre, quando pensavano che io dormissi. Mi sono camuffata e sono uscita furtivamente per andare dove lui teneva una riunione. E l'ho ascoltato.*

D: Ha un folto numero di persone? Hai detto che portava un gruppo con sé.

A: *No, non molto grande perché la maggioranza delle persone ha svolto gli insegnamenti in privato, in piccoli gruppi. Ma lui ora sa di dover mandare i suoi messaggi all'esterno. Questo gruppo è piccolo perché non molti di noi sono abbastanza coraggiosi da camminare sul sentiero della verità e dell'amore. È difficile trovare persone che non abbiano paura di curare ed essere di servizio. Così al momento il gruppo non è molto grande, da ciò che so.*

D: Lo conosci con qualche altro nome oltre a il Nazareno?

A: Lo chiamano Gesù, ma credo mi piaccia il modo in cui suona la parola "Nazareno"

D: Mi domandavo se tuo padre lo chiamava così.

A: Oh, qualche volta. Ma solitamente quando lui passa di qua, quando parlano dell'attività, di falegnameria e lavorazione del metallo, lo chiama Gesù. Qualche volta lo chiama fratello. Loro usano parecchio la parola "fratello".

D: Ma tu hai detto che hai sentito dire che sono fratellastri. Vuol dire che hanno la stessa madre o lo stesso padre? Cosa sai?

A: Non so se lo capisco completamente. Non ne hanno mai parlato veramente, o perlomeno non di fronte a me. Ma io credo che il padre sia lo stesso, perché mio padre ha lo stesso nome di suo padre. Ma non ci capisco molto. Non me lo hanno mai detto.

D: Hai mai visto tua nonna e tuo nonno? (stavo pensando a Giuseppe e Maria)

A: Quelli da parte di mia madre più spesso di quelli da parte di mio padre. Ci sono cose di cui non parlano. Noi non li vediamo spesso. Sono lontani. Questo è ciò che mi dicono.

D: Quindi quello che vedi di più della famiglia è il Nazareno quando viene? Hai fratelli o sorelle?

A: Ho un fratello. E lui è lontano. È andato via a studiare.

D: Che genere di studi?

A: È andato via per essere edotto. È andato a studiare con insegnanti e raboni per imparare diverse leggi ed insegnamenti. Per essere un uomo edotto.

Non riuscivo a trovare la parola raboni nel dizionario, così chiesi delucidazioni all'uomo ebreo.
Lui disse che era uno dei modi formali e rispettosi di chiamare un rabbino.

D: Ha dovuto andare molto lontano per fare ciò?

A: Sì, ha dovuto andare in un'altra città più grande.

D: Pensavo che Gerusalemme fosse grande.

A: Gerusalemme è grande. Ma penso che per i suoi studi non poteva rimanere a Gerusalemme.

Ho già spiegato che educazione significava studio esclusivamente della Legge. Ogni altro tipo di educazione doveva essere ottenuto da qualche altra parte. Mi venne in mente che suo fratello poteva essere andato a studiare con gli Esseni, visto che Gesù li conosceva abbastanza bene.

D: Quindi non sai esattamente dove è andato? non hai sentito nessuno che ne parlava?

A: *Non mi ha dato il nome del posto. No, non ne so il nome. Ma ci sono parecchie cose che non mi dicono. Penso per paura, o pensano di proteggermi.*

D: Ma questo tuo fratello è più grande vero?

A: *Sì. Questo fratello ha dieci anni più di me. Non so... potrebbe essere coinvolto in cose che sono riservate. Quindi mi dicono ciò che mi dicono. È come se fosse un secondo padre (ride). Mia mamma ha me e mio fratello come bambini, ma ha anche altri bambini di cui si occupa. E fa tutte quelle cose che ci si aspetta facciano le donne. Ma si prende cura dei bambini orfani o bambini che devono essere sorvegliati.*

D: Mi puoi dire com'è il Nazareno? Che aspetto ha?

A: *Lui è... quando guardo in su verso di lui. Non sono sicura. Lasciami guardare. Per essere un uomo, ha all'incirca la stessa altezza di mio padre, che credo diresti nella media. Lui sembra molto... è forte nelle braccia e nelle spalle. Non è grosso, ma ha forza. E... i suoi occhi, i suoi occhi sono meravigliosi. Ha gli occhi azzurri. Ha i capelli scuri... e il pizzetto sul mento e sopra la bocca. Ed è abbronzato dal sole. Direi che è di carnagione abbastanza scura.*

D: Hai detto che i suoi occhi sono meravigliosi?

A: Si. Non ho mai pensato che gli occhi azzurri fossero gentili e *amorevoli, ma i suoi lo sono. Sono abituata agli occhi scuri. Ma i suoi occhi sono proprio così gentili e amorevoli (sospiro)*

In *Gesù e gli Esseni* citai un libro poco conosciuto, *The Archko Volume*, scritto da McIntoch e Twyman e pubblicato nel 1887. Questi uomini avevano scoperto delle annotazioni scritte nella Biblioteca Vaticana, che trattavano di Cristo. Una di queste conteneva una descrizione di Gesù che coincide notevolmente con la descrizione data dai vari soggetti. Dopo che *Gesù e gli Esseni* venne stampato trovai per caso una lettera che conteneva una descrizione simile. Questo sorprendente documento venne scoperto anche nella Biblioteca Vaticana. Presumibilmente era stata scritta al Senato Romano all'epoca di Cristo da Publio

Lentulo allora proconsole Romano in Giudea, un predecessore e amico di Ponzio Pilato. Quella che segue è la descrizione di Cristo.

"Questo è un uomo di nobile e ben proporzionata statura, con un volto pieno di gentilezza e fermezza, così che coloro che lo guardano lo amano e lo temono. I suoi capelli sono del colore del vino (probabilmente fulvi) e dorati alla radice – lisci e opachi – ma dal livello delle orecchie ricciuti e lucidi e con la discriminatura nel centro, secondo la moda degli Esseni.

La sua fronte è liscia. La sua faccia senza imperfezioni e valorizzata da un colorito temprato, l'espressione del suo volto ingenua e gentile, la barba folta, dello stesso colore dai capelli e biforcuta; i suoi occhi azzurri meravigliosamente brillanti.

Nella riprovazione e nel rimprovero incute rispetto, ma è gentile nell'esortazione e nell'insegnamento, affabile con le parole. Nessuno lo ha mai visto ridere, molti al contrario lo hanno visto versare lacrime. È una persona alta, le mani sono belle e dritte. Nel parlare è ponderato e serio e poco incline alla loquacità ; in bellezza supera la maggioranza degli uomini"

Questo fu preso dall'articolo " Quale aspetto in effetti aveva Cristo" di Jack Anderson, che apparve in *Parade Magazine* il 18 Aprile 1965.

D: Hai detto che da quando hai memoria, lui viene a casa tua?
A: *Sì. Lo conosco da sempre. L'ho sempre visto lì. Quando ero piccolina pensavo avessero affari in comune, ma penso che provasse a risolvere un problema di famiglia.*
D: Sarebbe naturale, se erano fratelli che venisse a trovarlo di tanto in tanto. Sono molto interessata a quest'uomo che sembra non comune.
A: *Io proprio... Sono andata da lui l'altro giorno e gli ho detto che voglio camminare con lui. (Con tristezza) e lui mi ha detto che essendo una ragazzina sarebbe troppo difficile. Le persone non capirebbero. E io gli ho detto che potrei rasarmi i capelli e indossare vesti da uomo e non lo saprebbero. E lui disse che avrei camminato con lui, ma ora non era il tempo. Io non ho altro desiderio se non quello. Non sono la "cocca" della mamma, non sono fatta per fare le cose che fa lei. Sono solo in questo corpo di donna.*

D: Forse lui voleva dire che avresti dovuto aspettare un po'. Se ha detto che ora non era il momento, non ha detto veramente di no. Forse ti permetterà di andare con lui più tardi

A: Lo spero. Ma posso essere utile comunque e cercare di ricordare cosa gli ho sentito dire. E aiutare mia mamma con quei bambini che hanno bisogno di cura.

D: Hai detto che una volta sei uscita di nascosto e lo hai sentito parlare. È stata l'unica volta?

A: Beh.. non ci sono state molte opportunità, perché non mi piace disobbedire ai miei genitori. Ma sono stata così spinta dalle mie voci ad andare ad ascoltarlo. Così sono stata lì qualche volta, ascoltavo, nella piccola parte di città dove si tenevano le riunioni e sentivo le persone che parlavano a mio padre. Queste riunioni si tenevano in vari posti. Le persone avevano parti segrete della casa o spazi sotterranei in una zona della città. E lui teneva una riunione e insegnava uno stile di vita che è corretto e dovrebbe esistere per tutti.

Durante gli scavi gli archeologi scoprirono che una porzione sotterranea di Gerusalemme è bucherellata da passaggi segreti e camere sotterranee che risalgono anche a prima dell'epoca di Cristo Alcune case potevano avere avuto entrate segrete che portavano alle stanze sotterranee di riunione.

D: Ti ricordi alcune delle cose che lui diceva?

A: Beh... quando ci penso, vedo la luminosità della luce dorata attorno alla zona del suo cuore. E mi ricordo soprattutto che diceva di amare, e prendersi cura l'uno dell'altro come loro avrebbero fatto con te. Credo questo è ciò che mi ricordo di più. La sua saggezza è forte eppure non è brutale. Quindi lui sta insegnando che non bisogna infliggere dolore ad un altro allo scopo di capire cosa ciò significhi.

D: Perché deve incontrare la gente in posti nascosti?

A: Perché c'è un gruppo nei poteri di governo che incominciano a pensare che lui potrebbe avere influenza su più persone di quanto pensassero. All'inizio non penso che credessero in lui o lo prendessero seriamente. E penso che ora sono preoccupati perché i poveri e gli indifesi, quelli che hanno fede e credono, si rivolgono a lui sempre di più. Quindi c'è un cambio nel modo di sentire da parte degli organi governativi. Stanno diventando severi. Stanno incominciando ad avere timore del suo potere di verità. Sono degli spreconi che prendono e prendono ed hanno stanze piene di ricchezze e non

si preoccupano di ciò che accade ai malati e ai poveri. Quindi le riunioni sono tenute in segreto.
D: Mi domando perché avrebbero timore di una sola persona?
A: Non lo avevano all'inizio. Ma penso che alcuni organi del governo lo abbiano ascoltato. Loro sanno che dice una verità che anche loro sentono in se stessi. E sono combattuti dentro poiché non sentono più fedeltà verso l'altra parte. Così si crea grande conflitto, temo.

Durante questo periodo Israele era schiacciata sotto il pesante giogo della occupazione dei Romani. Le persone erano state private di molte delle loro libertà, e venivano eccessivamente tassati, ad un punto tale che molti Ebrei si sentivano schiavi nel loro paese. Stavano cercando un redentore, un Messia, un salvatore che venisse a liberarli dalla situazione. Disperatamente volevano che il loro stile di vita tornasse a come era prima dell'occupazione romana. Ma c'era anche molta paura perché l'esercito romano era molto forte.

Molti gruppi segreti si stavano formando, sostenendo un rovesciamento di governo con la violenza. Uno dei gruppi più significativi era quello degli Zeloti, del quale Giuda Iscariota ne fu identificato membro. Volevano la guerra e stavano cercando un leader abbastanza forte per organizzare il loro movimento. Molti di questi gruppi, alcuni violenti, altri pacifici, pensavano di aver trovato tale leader in Gesù, poiché lui parlava di cose che loro non avevano mai sentito prima.

Ai sacerdoti non piaceva Gesù perché predicava una filosofia che era diversa da ciò che loro insegnavano. Quindi veniva osservato attentamente da entrambe i gruppi. I Romani furono particolarmente diligenti perché videro che stava raccogliendo seguaci e sapevano che il malcontento civile aveva bisogno solo di un leader forte per organizzare una rivolta. L'ampia diffusione degli Ebrei aveva fatto sì che Gerusalemme diventasse un centro di considerevole grandezza nell'impero Romano.
Tutto ciò che capitava lì, capitava a livello mondiale. Perciò qualsiasi azione da parte di un sovversivo come Gesù, era attentamente osservata e segnalata a Roma.

D: Hai detto che c'è un gruppo che va con lui nella maggior parte dei posti?. Conosci qualcuno di quel gruppo?

A: Ci sono alcuni uomini che ho visto. Non lo lasciano trapelare in pubblico. Ma sembra che siano uomini della sua età. Sembra esserci un legame, una continuità. Loro credono nelle stesse cose e stanno lavorando per il bene comune. Quindi c'è un gruppetto che vedo sempre intorno a lui.

D: Mi domandavo se tu potevi conoscere qualcuno dei nomi, sai che non lo dirò, sono solo curiosa.

A: (Pausa) Sembra esserci un uomo chiamato Giovanni (detto come se fosse una domanda). E questo uomo... l'ho visto parecchie volte. Ma gli altri uomini, non penso di conoscerne il nome.

D: Pensavo che tu avessi potuto magari sentire tuo padre chiamarli per nome. Che aspetto ha Giovanni? Hai detto che ha circa la stessa età?

A: Ha un aspetto simile, solo che ha gli occhi scuri come molte delle persone della zona. E non ha un aspetto così gentile. È anche un po' più robusto.

D: Hai detto un po' di tempo fa qualcosa circa le tue "voci" che ti dicevano di fare qualcosa. Cosa volevi dire?

A: Non voglio disattendere i miei genitori o andare contro i loro desideri, ma qualche volta io avverto le cose. Le voci che mi arrivano nella mente mi dicono che queste cose sono giuste perché si fanno per una buona causa. Si fanno perché stai onorando la tua fede, il tuo Dio: le voci sono così forti che so che è giusto camuffarmi e uscire di soppiatto da casa.

D: E questo è ciò che vuoi dire. Le senti dentro la tua testa? Sei particolarmente religiosa o sai cosa voglio dire?

A: Non insegnano molto alle ragazzine, per lo meno non nella mia famiglia. Ma la loro credenza è Giudaica. Penso che anche il Nazareno sia della stessa credenza. Eppure lui sta percorrendo un percorso diverso perché c'è molta cattiveria nelle Leggi. Quindi io penso che questo sia il motivo per cui le famiglie sono combattute. Le persone ora hanno problemi a capire o conoscere le proprie credenze.

Questo fa parte del conflitto che Gesù ebbe con i sacerdoti nel Tempio. Non era d'accordo con la loro interpretazione della Legge. Le leggi di Mosè che erano state stabilite affinché gli Ebrei le seguissero. Lui pensava fossero ingiuste ed interpretate troppo severamente. In Gesù e gli Esseni era ovvio che nei suoi studi delle Leggi, aveva trovato altri significati. Le sue osservazioni dirette avevano causato frizione, così si era allontanato dal Tempio e aveva fatto ricorso alla segretezza per raccontare alle persone la sua versione della religione. Mentre la sua popolarità cresceva, aumentava anche l'ostilità dei sacerdoti che pensavano lui stesse cercando di pregiudicare la loro autorità.

D: La tua famiglia va da qualche parte per venerare?
A: Sì. Vanno al Tempio.
D: Tu sei mai stata al Tempio?
A: Sì. Ma le donne vanno in modo diverso e si siedono in un luogo diverso dagli uomini. E io non... non mi sento molto amata lì dentro. Mi sento più vicina a Dio altrove.
D: Mi sai dire come è fatto l'esterno del Tempio? È un palazzo grande o piccolo?

Volevo vedere se la descrizione di Naomi combaciava con quella di Abigail.

A: Questo... Credo ce ne siano molti qua intorno.
D: A Gerusalemme?
A: Sì. questo non è il più grande. Questo è di pietra o struttura in pietra.
D: Ne esiste uno più grande in città?
A: Ce n'è uno più grande
D: Hai mai visto quell'edificio?
A: L'ho visto. È enorme. Mi spaventa. Mi fa venire i brividi (ridendo) mi piace il nostro che è più piccolo.
D: Come mai? È troppo grande?
A: Sì. Penso che sia proprio troppo grande.
D: E quindi come si presenta dall'esterno?
A: Oh. Molte delle pietre sono leggermente colorate. E poi vedo grandi porte e delle colonne all'esterno. C'è.. il soffitto è molto alto all'interno.
D: Ci sono molte colonne intorno, all'esterno?
A: Davanti, sembrano essere otto sul davanti.
D: Ci sono altre colonne?
A: All'interno. Ne vedo alcune all'interno.
D: Ci sono scalini che portano su alle porte?
A: Sì, Sono lunghe... lunghe pietre.. scalini.

La descrizione di Naomi coincideva molto bene con quella di Abigail e con le ricerche storiche.

D: Però hai detto che non ti piace andare là perché è…
A: (Interrompendo) troppo grande. Mi fa sentire sola.

77

D: Sì, qualche volta le cose possono essere troppo grandi e quindi ti allontanano da quello che stanno cercando di insegnarti. Ma alle donne non si insegna vero?

A: No. Non dove sono cresciuta. Non insegnano alle donne. Sembra essere una tradizione ora. Non ne sono contenta.

D: È strano che loro non vogliano insegnare a te, visto che tu vuoi imparare.

A: Io ho imparato. Ho imparato comunque. Ho ascoltato e ho imparato. E ho avuto degli amici che mi hanno insegnato.

D: Beh.. il gruppo che segue il Nazareno, ci sono delle donne, o solo uomini?

A: Vedo delle donne. Ma non so se rimangono sempre col gruppo o se sono lì perché sono mogli o sorelle. Ma sembra che lui vada in viaggio con gli uomini.

D: Pensavo che se c'erano altre donne nel gruppo, magari ti era permesso unirti a loro più avanti.

A: Forse. C'è Geremia. Mi viene in mente Geremia, non so perché. Penso sia uno degli uomini che va con lui.

D: Geremia ha la stessa età degli altri?

A: No, sembra un po' più giovane.

D: Questo paese in cui tu abiti, ha un sovrano? Parlavi di Consiglio governativo poco fa.

A: Lo chiamano re. Re? Credo lo chiamino re, ed egli ha un Consiglio direttivo, credo.

D: Li hai mai sentiti parlare del re?

A: Mio padre lo ha fatto. Loro pensano che sia un re ingiusto. Loro… è come ti ho detto, loro hanno stanze e stanze, magazzini pieni di beni e ricchezze, mentre ci sono troppe persone povere là fuori..

D: Hai sentito di qualcosa che il re abbia fatto? Tuo padre ha mai parlato di certe cose?

A: Beh.. lui…loro parlano di persone che chiamano "schiavi". Parlano di crudeli punizioni. Parlano di persone che vengono prese e di cui non si sa più nulla. E non c'è alcun motivo dietro ciò.

D: Pensano che il re sia responsabile per queste cose?

A: Sì, e non lo capisco completamente. Non so tutto ciò che c'è da sapere. Non mi dicono queste cose. Sai mia mamma è molto buona, una donna tranquilla. Quindi lei non parla di queste cose o non ha un'opinione di cui parlare apertamente.

D: Forse è ciò che ci si aspetta da lei. Hai una casa grande dove vivi?

A: No, è piccola. Mio padre ha il suo spazio di lavoro e collegato ad esso c'è la nostra zona abitabile. E fuori c'è un forno da cottura. Quindi è piccolo ma carino. È confortevole.

D: Che aspetto ha l'interno della casa? L'ambiente vivibile?

A: È un'unica stanza quando entri. Lì è dove consumiamo i nostri pasti. Abbiamo un tavolo e mobili. Poi c'è un'altra stanza dove i miei genitori hanno la loro camera. E poi c'è una piccola porta per la cantina. E poi ho una piccola zona per me.

D: Com'è il tuo spazio? Su cosa dormi?

A: È paglia che è stata annodata per darle una forma e uno spessore. È stata messa sopra una piattaforma di legno. E poi è stata coperta di tessuto e pelli.

D: È comodo?

A: Si. È proprio molto confortevole.

D: È tutto ciò che hai nel tuo spazio?

A: Ho quello e una candela. E poi piccole cose personali, tutto qui. Le mie vesti sono piegate in un angolo.

D: Che genere di cibo mangi?

A: Mangiamo cereali e frutta. E c'è il pesce. Ci sono quelli che chiamano "datteri" e altri morbidi frutti selvatici.

D: Mangi mai la carne, a parte il pesce?

A: Raramente. Ogni tanto mangiamo l'agnello. Non so.. il manzo? manzo? (come se fosse una parola sconosciuta)

D: Cosa?

A: Il manzo è raro. Ne mangiamo pochissimo.

D: Avete qualche tipo di verdura? Sai cosa voglio dire?

A: Si. Verdura noi la chiamiamo… zucca e… ci sono dei tipi di verdura verde.

D: Bene. Sembra che tu abbia diversi tipi di cose da mangiare. Cosa bevi?

A: Bevo il latte di capra e l'acqua. E c'è un tipo di bevanda diversa per mio padre.

D: Che cos'è?

A: Penso che lui beva della birra. Non so esattamente cos'è però e poi bevono anche il vino. Cuociamo il nostro pane fuori nel forno.

D: Quindi non soffri la fame. Questo è positivo. Ti andrebbe bene se io tornassi a parlare con te qualche volta?

A: Sì, mi piacerebbe. Mi hai fatto sentire meglio.(Sospiro di sollievo)

D: Va bene allora. E puoi sempre parlare con me quando vengo e raccontarmi le cose che ti crucciano, perché io non lo dico a nessun altro. È sempre bello avere un amico con cui parlare.

Mentre riportai indietro Anna alla piena consapevolezza, mi domandavo come lei avrebbe reagito quando le dicevo ciò di cui mi aveva appena parlato. Lei aveva vaga memoria della sessione. Lasciai il registratore acceso mentre lei riferiva queste cose.

D: Hai detto che avevano diversi nomi per il cibo. E riuscivi a sentire altre lingue che si inserivano? È questo che vuoi dire?
A: *Si. È difficile da spiegare. Quando tu dicevi "verdura" o "frutta", potevo visualizzarla ma non riuscivo a dargli un nome. C'erano anche alcune cose che non ho mai visto in questa vita. Così penso che qualche volta quando tu mi fai domande, io cerco di filtrare la risposta attraverso quello che mi accade intorno.*
D: Riuscivi a sentire altre lingue? Erano in sottofondo o cosa?
A: *Qualche volta. Ma non capivo le parole*
D: Sono queste poche cose tutto ciò che ricordi?
A: *Mi ricordo la casa. E credo di ricordare...(ridendo) di ricordare che dicevo "il Nazareno"*
D: Apparentemente era riferito a Gesù. Sai molto su di lui?
A: *Poiché sono ebrea, non ho veramente pensato molto a Gesù in passato. Mai in effetti. Nel mio ambiente famigliare non era nemmeno riconosciuto. Nella casa dove sono cresciuta chiedevo a mamma e papà a proposito di Gesù, e loro ignoravano il discorso. Alcuni Ebrei che conoscevo quando crebbi, agivano come se non esistesse. Quindi non è stato fino a quando ero sulla trentina che ho incominciato ad affrontare l'argomento. Ho sempre pensato che ci fosse una specie di conflitto. Non capivo perché non volessero parlare di lui. Eppur per quel poco che stavo imparando su di lui, sembrava un così bravo maestro. Questo è il motivo per cui su di lui non ho mai avuto un parametro di riferimento.*
D: Quindi tu non avresti motivo di... per esempio, un Cristiano potrebbe dire, "Oh vorrei essere vissuto al tempo di Gesù". Tu non avresti motivo per avvertire ciò.
A: *No, perché non ne parlavamo nemmeno di lui. Non esisteva per quanto riguarda la mia famiglia e le persone che conoscevo.*
D: Se io ti dicessi che avevi conosciuto Gesù in quella vita, cosa diresti?
A: *Direi... (ridendo) che non penso di poter rispondere a ciò.*

D: Che cosa diresti se io ti dicessi che era tuo zio?

A: *(Con espressione sorpresa) non sapevo che Gesù era...io proprio... lo trovo ambiguo. Lo trovo quasi comico. Questo è assurdo. Io sono Ebrea. Una tale storia che arriva da me deve essere la peggior scelta possibile.*

D: È difficile da credere. In altre parole.

A: *Beh, in questo momento mi sento a disagio. Fin da quando ero bambina, per via dei miei genitori... nessuno mi ha mai parlato di Gesù.*

D: Ma non l'hanno nemmeno minimizzato.

A: *No, in effetti i miei genitori non avrebbero saputo come parlarne. Avevano sempre risposte pronte. Non c'era una grandissima comunicazione. Da bambina imparai semplicemente cosa chiedere e cosa non chiedere. Imparai ad una giovane età che di alcune cose non bisognava chiedere. E loro dicevano semplicemente "ci sono persone Ebree e persone non Ebree. Noi crediamo in Dio". Erano soliti dirmi "Loro hanno Gesù. E per noi, Mosè, che ci ha dato i dieci comandamenti, era come il nostro Gesù". Queste erano le cose che i miei genitori mi dicevano. Sto cercando di ricordare la mia infanzia. Quando ero piccola a malapena sopportavo di andare al Tempio e alla Scuola domenicale. Pensavo fossero tutte un mucchio di fandonie. Da bambina quando imparavo la storia ebrea, ero sconvolta da quanto gli Ebrei fossero crudeli. Era così chiaro per me quanto controllo avessero sulle nostre vite e quanto crudele fosse il Tempio. Ho avuto queste sensazione sull'Ebraismo sin da quando ero bambina. Ma ho sentito dagli altri bambini piccoli a proposito di Gesù. E crebbi così contravvenendo a lui. Ero perplessa che questa religione fosse creata intorno un solo uomo, e non ho mai sentito nulla di buono a proposito di Gesù. Era sempre una cosa vietata per me. Poi quando sono cresciuta e ho incominciato a mettere in discussione la cosa, è persino peggiorata. Non capivo chi era o cosa fosse. Sentivo che era troppo strano da comprendere il fatto che la gente avesse formato una religione attorno ad un uomo. La religione deve essere a proposito di Dio. E non fu fino a quando incominciammo a vivere qui che incominciai ad ascoltare ciò che alcune persone avevano da dire. E all'improvviso le cose mi divennero chiare. Questo è capitato tutto negli ultimi cinque anni.. era come se avessi dovuto andare via e forse in questo nuovo tipo di ambiente lasciare che le cose si chiarissero nel modo giusto. Come se mi arrivasse il*

81

messaggio "Questa è la verità, questo è ciò che avevo bisogno di sapere". Forse questo è il motivo per cui non riuscivo a mandare giù nulla di ciò che sentivo, perché era un essere umano. Ma anche perché...forse una parte dentro di me vuole crederci. Specialmente perché in questi ultimi sei mesi per qualche motivo ho delle sensazioni forti ma non so da dove provengono. Sapevo che c'era qualcosa di significativo per me da controllare in quella zona del mondo, e quella regressione è stato il modo di trovare la risposta.

D: Ma questo non sarebbe qualcosa che tu vorresti inventare se dovessi immaginare una vita passata.

A: Sarebbe l'ultima cosa che potrei mai pensare.

Questa sembrava essere un'importante breccia, e io volevo sicuramente continuare e ottenere la sua storia sulla vita di Cristo, poiché c'era un contatto con lui. Il fatto che Anna sia ebrea dà a questa storia grande validità. Le chiesi se avesse mai letto di Gesù nella Bibbia. Lei disse che aveva solo la parte del Vecchio Testamento e non la conosceva tanto bene. Non erano tenuti a leggerlo nella loro religione. Quando provò a leggerlo da sola disse che era troppo difficile, troppo oneroso. Così le chiesi di non leggere il Nuovo Testamento. Disse che non c'era molta possibilità perché non ne aveva nemmeno una copia. Per quanto lei fosse interessata, non conosceva nulla della vita di Gesù, e nemmeno gli eventi che sono così comuni ai Cristiani, né tanto meno le storie che ci vengono messe in testa dall'infanzia. Questo era territorio straniero per lei e non avrebbe avuto nulla nel suo subconscio da cui attingere. Non aveva neanche motivo conscio o subconscio per fantasticare. L'intera idea le sembrava assurda. Questa poteva essere la perfetta occasione per ottenere una storia che avrebbe retto alle critiche degli scettici.

L'idea che Giuseppe avesse un figlio più grande prima di Gesù mi inquietava, e mi domandavo come la gente avrebbe reagito a ciò. Sapevo che Giuseppe era più vecchio di Maria di un bel po'. Questo venne affermato anche in Gesù e gli Esseni. Cosa era successo nei suoi anni più giovani? Forse era più umano di quanto la Chiesa ci abbia portato a credere. Forse aveva fragilità comuni a tutti noi. Qualunque macchia ci fosse nell'albero genealogico di Gesù, non lo disturbava. Era in buoni rapporti con suo fratellastro più grande da anni. Mi domandavo quali altri dettagli sconosciuti avremmo scoperto mentre procedevamo con la storia di Naomi.

CAPITOLO VI
LA PARTENZA.

Volevo continuare ad esplorare la vita a Gerusalemme, per vedere quanto collegamento aveva Naomi, l'alter ego di Anna, con Gesù, e quanta informazione era in grado di fornirmi. Usai la sua parola chiave e contai a ritroso per riportare Anna indietro al tempo in cui Naomi viveva a Gerusalemme.

D: Voglio che tu vada ad un importante giorno nella tua vita quando Naomi viveva a Gerusalemme e mi dica cosa sta accadendo. Conterò fino a tre e saremo là. 1...2...3... È un importante giorno della tua vita. Cosa sta accadendo? Cosa vedi?

A: *Vedo la stessa scena in cui sono stata prima. Ed ora so cosa devo fare della mia vita. Voglio che i miei genitori non pensino che sono stata disubbidiente, ma io so che il mio destino è camminare con lui e insegnare. E sono pronta ad indossare le tuniche degli uomini e a camuffarmi, poiché io non sono fatta per fare ciò che fa mia madre o essere obbediente come è stata lei. L'unica cosa che vedo per me in questa vita è insegnare le sue parole e i suoi modi di vivere.*

D: Quanti anni hai in questo periodo?

A: *Penso di avere tredici anni, sono cresciuta di circa un anno, in effetti in quell'anno io ci ho provato, ho veramente cercato di essere una brava figlia e di fare come loro desideravano. Ma non è nel mio cuore. Io voglio bene a loro, ma la mia vita non è degna di essere vissuta se devo rimanere qui, sposarmi e vivere quel genere di vita.*

D: Così come ogni altra ragazza dovrebbe fare? Ne hai parlato con tua madre e tuo padre?

A: *Mio padre non è tanto paziente e lui la definisce una sciocchezza. Io ho smesso di parlarne. Mia madre capisce, ma "non è la vita per una donna" lei dice. Così mi sono calmata e ho semplicemente pregato. Ho parlato al Nazareno quando è venuto qui, ma non ci sono molte altre scelte.*

D: Anche tuo padre pensa che sia una sciocchezza ciò che suo fratello sta facendo?

A: *Niente affatto. Lui crede a tutte le sue parole e a ciò che sta cercando di fare. Solo non è abituato all'idea che una donna o ragazza segua questi percorsi. Se io fossi un ragazzo credo non ci sarebbero problemi. Potrebbero temere per la mia incolumità, ma mi lascerebbero andare con la loro benedizione e il loro affetto.*

D: Stanno solo cercando di proteggerti. Hanno a cuore il tuo benessere, anche se non è ciò che veramente tu vuoi. Pensano al meglio per te.

A: *Lo so. Io ci ho provato. Ci ho provato per quasi un anno oramai, e ho fatto quello che desideravano loro. Ho aiutato mia madre con i bambini. E non posso più farlo. Mi sento più matura dei miei anni. Io sento che per me il matrimonio è una cosa di poco conto. Non c'è motivo che mi sposi. Le sole cose che amo sono le verità che voglio aiutare a diffondere alle persone.. e io amo.. credo che se mai dovessi amare un uomo, sarebbe il Nazareno. Ma so che questo non sarà mai possibile. Pertanto quella parte di me deve imparare ad amare in modo diverso da come amerebbe una donna.*

D: Tutto questo non è forse andare contro la tradizione di ciò che una donna avrebbe dovuto fare a quei tempi? Forse è questo che rende i tuoi genitori contrariati.

A: *Io so che devo diventare un insegnante e una consigliera. E questo è tutto ciò che è nel mio cuore. So che è l'unica cosa giusta per me. Spero solo che vogliano capire e rendersi conto che non c'è altra scelta. C'è solo un percorso.*

D: Hai pensato che quando sarai là fuori, sarà più dura di quanto pensi?

A: *Non ho paura. Non ho paura della morte o delle difficoltà. Penso che le cose siano molto semplici. Io ritengo che ci siano pochissime ragioni per cui io debba vivere la mia vita. E non c'è nulla in me che mi porti ad essere ciò che i miei genitori pensano che dovrei essere. Anche se viene dal loro cuore e per il mio stesso bene.*

D: Hai detto che hai parlato al Nazareno di questo. Cosa ne pensa?

A: *Un anno fa quando gli parlai, lui mise gentilmente le mani sul mio viso e disse che ero una ragazzina e che non potevo camminare con lui a quell'epoca. Avrei però potuto andare con lui in un altro momento.*

D: Sì, mi ricordo questo.

A: *E so anche che lui parlava semplicemente perché i miei genitori sentissero. Io ho guardato i suoi occhi e lui lo sapeva. Lo faceva per affetto e per protezione. Io gli dissi che potevo indossare le vesti da uomo e tagliarmi i capelli e nessuno tranne lui mi avrebbe parlato con maggiore saggezza. So che non mi rifiuterà. Lui sa che ho smesso di parlare di certe cose e mi sono calmata. E lui sa il motivo, sebbene non glielo abbia detto. Sa che camminerò con lui e mi accetterà perché sa che tutto ciò proviene dal mio cuore e da Dio.*

D: Potrebbe aver pensato che avresti cambiato idea perché eri una bambina.

A: *Lui sa che nell'ultimo anno io ho cercato di essere una figlia obbediente e di fare come i miei genitori desideravano. Lui sa che ho fatto il meglio che potevo e ci ho provato. Sarebbe sbagliato per me sposarmi e avere bambini, perché sarebbe senza l'amore più vero che ho nel cuore. Non posso creare una casa felice con ciò che sento invece nel mio cuore.*

D: Lo faresti solo per dovere più che altro. Probabilmente ha pensato che avresti cambiato idea. Alla tua età solitamente le persone non sanno cosa vogliono fare. Quindi cosa hai intenzione di fare?

A: *Aspetto di sentire quando partirà di nuovo. (Con convinzione) e andrò con lui.*

D: Lui è a Gerusalemme in questo periodo?

A: *Dovrebbe arrivare tra qualche giorno.*

D: Sai dove è stato?

A:,*Penso sia andato nella casa di famiglia. Ci sono stati dei problemi. Ma continua con gli insegnamenti e le riunioni e i viaggi verso i villaggi.*

D: Con il suo gruppo di persone?

A: *Un piccolo gruppo.*

D: Dov' è la sua casa di famiglia? Sai in che cittadina si trova?

A: *È distante... È nella zona di Nazaret, ma da dove abito io ci vogliono alcuni giorni di cammino, credo, non sono mai stata là.*

D: Ma la sua casa non è proprio a Nazaret. Sai quali membri della sua famiglia sono là?

A: *Un loro fratello... penso che un loro fratello sia a casa. E ci sono state delle difficoltà. Non sono esattamente sicura, non parlano molto in mia presenza, o se sanno che sono lì vicino.*

D: Beh... poiché parlavi di famiglia, mi domandavo se si era mai sposato. (Era una domanda tranello)

A: *Oh, no. Lui non si sposerebbe mai. Lui è sposato con Dio e le sue credenze. E lui sente che questo è il motivo per essere vivo. Non potrebbe essere tanto fedele o dedicato ad una donna o famiglia.*

D: Quelli che abitano nella casa di famiglia sono perlopiù suoi fratelli?

A: *Si. La casa dei suoi genitori. Ha dei fratelli in quella zona.*

D: Mi sorprende che ci fossero problemi famigliari. Pensavo che le cose sarebbero andate lisce.

Stavo cercando di scoprire cosa stava succedendo senza essere invadente o ovvia.

A: *Penso che i suoi fratelli abbiano qualche problema*

D: Hai detto prima che anche tuo padre non vede i suoi genitori molto spesso. Era per via di un problema di famiglia?

A: *Penso da ciò che ricordo di aver sentito che il padre di mio padre aveva problemi a riconoscerlo. Perché la donna che lui chiama madre... non è rimasta con il padre di mio padre.*

D: Hai detto prima che lui e il Nazareno erano fratellastri

A: *Non so se riesco a spiegarlo. Penso che la mamma di mio padre non potesse sposare il padre di mio padre. C'era un problema. So che era malata. Non penso di avere tutte le informazioni.*

D: In altre parole tu pensi che il Nazareno e tuo padre, non avessero la stessa madre? Sai chi è più vecchio? Tuo padre o il Nazareno?

A: *Mio padre è più vecchio del Nazareno.*

D: E questo è un motivo per cui tuo padre non ha contatto con la sua famiglia?

A: *Sì, penso ci sia del dolore, molto dolore, confusione ed imbarazzo. Però è successo tanto tempo fa.*

D: A quanto sembra, ciò non dà affatto fastidio al Nazareno, vero?

A: *Penso che lui debba sapere tutta la verità. Mio padre e lui hanno lavorato assieme, e le loro idee sono simili.*

D: Ero curiosa perché sembra che avessero dei segreti. Pensi che il problema sia stato con gli altri fratelli? Hai detto che avevano problemi di famiglia o pensi che sia qualcos'altro?

A: *Sì. Penso ci sia un problema di gelosia.*

D: Magari un giorno saprai l'intera storia e potrai raccontarmela. Capisco perché non volevano parlarne con te presente. Non volevano, credo, che i bambini sapessero dei problemi di famiglia. Nel tuo paese è abitudine chiamare il figlio più grande come il padre?

86

A: Penso che ci sia stata l'abitudine di chiamare i bambini con i nomi delle persone, delle quali volevano conservare la memoria.

D: Hai detto che tuo padre ha il nome di suo padre.

A: Giusto. E penso che mia nonna lo abbia chiamato Giuseppe per mantenere vivo l'amore e la memoria del padre, perché sapeva che non poteva stare con lui.

D: Lui ha sposato la madre di Gesù, e gli altri bambini?

A: Sì, non so se veramente centrasse con la situazione, una malattia che lei aveva avuto.

D: Però tu dici che non vedi i tuoi nonni. Questo è perché sono distanti o per via della nascita di tuo padre?

A: Mi è stato detto che sono troppo distanti, ma sono sicura che mio padre fa parte del problema.

D: Ti sto solo facendo domande perché sono curiosa. Se vai dal Nazareno, cosa ti aspetti di fare? Conosci quali saranno alcuni dei tuoi doveri?

A: Continuerò ad imparare. Spero di poterlo assistere in qualsiasi modo lui desideri. Non ho paura di stare in mezzo ai malati o ai poveri o alle persone bisognose. Voglio poter dare ed imparare ciò che lui fa, per aiutare e guarire. E vivere secondo le leggi di Dio.

D: Pensi che lui ti possa insegnare queste cose?

A: Penso di sì.

D: Lui sa come guarire le persone? lo hai mai visto fare una cosa del genere?

A: Si, una volta ho visto – non dovevo essere lì. C'era una riunione di notte nel nostro villaggio. Ricordo che ero sgattaiolata fuori e mi nascondevo. E c'era un bambino... una mamma portò il suo bimbo che era malato. Non so quale fosse il problema del bimbo, ma ho visto Gesù prendere in braccio il bambino. Mise il bimbo in grembo e pose le mani su di lui. E il bambino smise di piangere. La febbre sparì e il bambino stava bene. (ciò fu raccontato con stupore)

D: Sai come è stato in grado di fare ciò?

A: Non so. Io penso ...che lui conosca i modi di vivere le leggi di Dio. E attraverso l'amore e il suo essere premuroso, lui può fare la differenza, se così deve essere.

D: Questo non è il modo ordinario con cui le persone curano le malattie nel tuo tempo, vero?

A: No, noi abbiamo i dottori e solitamente si prendono cura dei malati. So che ciò che ho visto l'altra sera era un miracolo. Non so quale era il problema del bambino. Piangeva ed era

rosso e sudato, aveva dolore. E da quello stato è diventato
calmo e di colore normale. Io spero di imparare ad aiutare in
questo modo.

D: Sarebbe una cosa meravigliosa se tu imparassi a fare qualcosa
del genere. Hai mai sentito che lui abbia fatto altre guarigioni
come quella?.

A: Ho sentito dire che aveva guarito uno storpio. Ne sento parlare,
ma io veramente non so. Devo aspettare e chiederglielo.

D: Cosa si dice?

A: Oh... come lui riesce a donare la vista alle persone o curare gli
arti, così che possano camminare o riutilizzarli di nuovo.

D: Ma non sai se è vero o meno?

A: Io spero sia vero. Io so quello che ho visto. Ma per alcune cose,
non importa quanto credi in Dio, è veramente difficile credere
che un uomo possa riuscire a farle.

D: Sì, un uomo mortale. Deve essere veramente una persona
meravigliosa se riesce a fare queste cose.

A: Lui è... diverso. Sai, quando tu lo vedi o parli con lui, o quando
ti tocca, è diverso da chiunque altro tu abbia mai conosciuto.
E questo è il motivo per cui lui non potrebbe mai stare con
qualcun altro. Perché questo è ciò che deve essere la sua vita,
e solo questo. E so che per amore e per ciò che ho sentito dalle
mie preghiere, dalle voci e da Dio, questo è il modo in cui
devo vivere. Devo vivere da sola e dedicarmi a queste cose in
cui credo.

D: Se è ciò in cui tu credi veramente, suppongo sia giusto fare ciò
che desideri.

A: E non sono desideri da bambina.

D: Hai sentito storie di altre cose che lui abbia fatto che non
rientrano nella normalità?

A: Oh... ho sentito che lui è andato via ed è stato educato in
maniera differente dalle persone nelle nostre scuole, o nei
nostri templi. Ed ha imparato cose da uomini saggi in paesi
molti lontani. Credo che gli abbiano insegnato molto sulla
guarigione, e di come, se il tuo cuore è conforme a Dio, sei in
grado di cambiare gli esseri fisici e te stesso. Io penso che
questo potrebbe essere una parte del problema famigliare.
Penso ci potrebbe essere qualche questione nella sua
famiglia. Ma...

D: Che tipo di questione?

A: Sulle cose che lui sa fare. Cose che gli furono insegnate.

D: Pensano che questo lo renda diverso? È questo ciò che vuoi
dire

A: Sì. E non so se loro ci credono.

D: Sai che ci sono molti altri modi per educare oltre alle nostre scuole. Potrebbero avergli insegnato molte cose incredibili in altre terre lontane. Ma gli altri fratelli non hanno potuto fare queste cose?

A: No. Non credo abbiano avuto il desiderio. Penso che la maggior parte di loro volesse vivere vite semplici come la maggior parte degli abitanti.

D: Allora non dovrebbero essere gelosi se non hanno voluto avere questo tipo di vita.

A: No. Ma penso che potrebbero esserci dei dubbi nel villaggio, e questo rende le loro vite più difficili. O magari sono in imbarazzo.

D: Sì, potrebbero esserlo. Forse è quello il problema. Perché quelle persone lo conoscono da quando era bambino, suppongo.

A: Sì. E chi altri è riuscito a fare queste cose?

D: Pensi che lui usi trucchi o qualche tipo di magia?

A: Ritengo che alcuni di loro la pensino così.

D: Pensano che lui stia cercando di ingannare le persone. Capisco che questo provocherebbe un problema se è una cosa così difficile da credere.

A: (Sospiro) Lo vedo ora.

D: Sta arrivando?

A: Lo vedo ...ho la sua immagine nella mente proprio ora, e lui sta camminando per la strada. E vedo questa... energia intorno alla sua testa, una corona scintillante intorno la sua testa.

D: L'hai mai vista quando lui era con te, o è soltanto ora nella tua mente?

A: Non l'ho mai vista prima.

D: Cosa pensi che indichi?

A: Credo che significhi "verità". Penso che voglia dire di attendere ed avere fede. E che è giusto camminare con lui.

D: Sembra veramente una persona meravigliosa. Ma hai sentito storie di altre cose fuori dall'ordinario che lui abbia fatto, oltre alla guarigione?

A: Ho sentito... sì. Mi ricordo che i miei genitori ne parlavano. C'era qualcun altro nella casa. Credo che pensassero che io dormissi. E dicevano che in una zona in sofferenza, perché non c'era pioggia, le persone dubitavano di lui..., e lui creò la pioggia... sentii che parlavano di questo. (Sottovoce con stupore) me ne ero dimenticata. Questo capita qui intorno, a volte. Abbiamo degli anni dove c'è veramente poca acqua.

D: Anche quella sarebbe una forma di miracolo vero?

A: Si. La cosa principale che lui vuole insegnare è vivere secondo le leggi di Dio e come amarsi l'un l'altro. Che si può vivere in pace, senza paura e gelosia. E quel modo di vivere con amabile gentilezza è la vera natura dell'uomo.

D: Qualche volta queste cose sono difficili da insegnare alle altre persone. Sembra così facile, ma alcune persone non vogliono ascoltare.

A: Lo so. Ecco perché lui ha avuto delle discussioni nel Tempio. Perché ha evidenziato che molti dei loro modi sono crudeli e poco tolleranti. Ecco perché ha intrapreso questo percorso camminando e diffondendo le leggi di Dio, e il modo in cui uomini e donne dovrebbero vivere.

D: Questi problemi che lui ha avuto, ci sono stati prima che incominciasse ad uscire fuori a diffondere la parola?

A: Sì. Questo ha fatto sì che lui se ne andasse.

D: Sai cosa è accaduto?

A: È stata più di una cosa. È stato anche il fatto che non volevano fare molto per aiutare i bisognosi, i poveri e i sofferenti. Era dovuto al fatto che avevano poca comprensione e compassione quando si trattava di guardare ai problemi delle persone, ed evitare il giudizio. È stato un insieme di cose.

D: Vuoi dire che giudicavano.

A: Sì, giudicavano molto ed erano severi. E senza motivo.

D: Erano i sacerdoti o i rabbini?

A: Sì. I rabbini. Per loro c'era solo un'unica maniera per tutto. Ed era una maniera ingiusta e scorretta in molti casi. I rabbini permisero che la loro posizione e il loro potere distorcessero la loro capacità di prendere decisioni. Essi erano coloro da cui si va per risolvere dispute e problemi. Sentivano di essere diventati Dio, invece di ascoltare Dio e cercare di essere giusti.

D: Il potere a volte causa questo alle persone.

A: Sì. Così invece di provare ad essere al servizio ed aiutare a risolvere i problemi, tendono a volte a crearne di più.

D: Quindi loro cercano di seguire strettamente la Legge, senza avere compassione o dare qualsiasi altra interpretazione? È questo che ha fatto arrabbiare Gesù?

A: Lo ha deluso molto. Si rendeva conto che ciò che sentiva nel tempio o attraverso i rabbini non era ciò che lui sapeva che Dio desiderasse. Capiva che non vivevano secondo i Comandamenti. Li interrogava sulle cose che dicevano e domandava perché le cose non potessero essere in quest'altro modo. Essi non erano abituati ad essere interrogati.

D: Erano soliti usare la loro parola come legge.

A: *Giusto. E lui arrivava ad una soluzione che risolveva il problema mostrando giustizia, compassione ed imparzialità di giudizio. C'erano modi per coloro che erano malfattori di farsi perdonare. Quindi lui trovava soluzioni che sfidavano le loro soluzioni e questo creava molti problemi. Penso che questo facesse arrabbiare i rabbini perché il Nazareno aveva più chiarezza ed equità nelle sue soluzioni. Ma Gesù non poteva avere a che fare con l'ipocrisia e la crudeltà, perché non è Dio che è senza amore e senza compassione, ma l'uomo. Così lui sentì che il suo Tempio era diventato ora il territorio, la terra era il pavimento, il cielo era il soffitto. Avrebbe diffuso le Leggi di Dio e sarebbe stato un maestro.*

D: Risuona in maniera meravigliosa, capisco perché lo consideravano un ribelle visto che andava contro gli insegnamenti del tempo. Come ha trovato il suo gruppo di seguaci? O sono loro che hanno trovato lui?

A: *Ci sono sempre stati coloro che pensavano nel modo in cui pensava lui, ma avevano troppa paura. Così le riunioni sono iniziate in diverse case e col passaparola. E le persone semplicemente arrivavano.*

D: E dopo un po' loro volevano stare con lui? È questo che intendi?

A: *Sì. Perché quando tu lo senti parlare sai che è vero. Parla dal cuore e da Dio.*

D: Sembra una persona meravigliosa. Posso capire perché tu voglia seguirlo. Parlavi prima del tuo villaggio, ma io pensavo che tu vivessi a Gerusalemme.

A: *In effetti, è Gerusalemme, ma ci sono piccoli settori.*

D: Sto cercando di capire ciò che vuoi dire.

A: *Ci sono zone di questa città. Questa porzione? La chiamano l'Est e una volta era chiamata la Porta Est. Perciò credo che questi diversi settori abbiano preso il nome dalle varie porte del Tempio. Penso che questi villaggi si siano formati grazie a persone che avevano le stesse credenze, vivendo vicini. Ritengo anche in base alla ricchezza.*

D: Esiste un muro con dei cancelli che circonda il Tempio? Penso ad un cancello come qualcosa solitamente inserito dentro qualche tipo di muro.

A: Sì, questo era originariamente il grande Tempio, e c'era un muro tutt'intorno con varie entrate. Quindi questo era il lato Est. Hanno diversi nomi, ma è tutta città di Gerusalemme.

Josephus disse nei suoi scritti storici che la Valle di Tyropoeon divideva naturalmente Gerusalemme nelle parti est ed ovest. Queste erano conosciute come la città di sopra e la città di sotto. Sembrava che Naomi stesse dicendo che lei viveva nella città di sotto, la quale era collocata sul lato est.

D: Ci sono altri edifici significativi oltre al Tempio?

A: Il Tempio è l'edificio più grande e rappresentativo. Ci sono però altri grandi edifici, uffici governativi, uffici pubblici, edifici per immagazzinare, scuole.

D: È una città grande allora. Ho sentito dire che potrebbero esserci anche altri tipi di templi oltre a quelli giudei. È vero?

A: Ho sentito di altre credenze religiose, altre scuole che chiamano Templi

D: Sei mai stata in uno di questi Templi.?

A: No, no.

D: Sai chi sono i Romani?

A: Sì. Essi hanno i loro palazzi, le loro scuole, i propri luoghi di culto. Noi cerchiamo di stare tra di noi e il più possibile distanti da loro.

D: Posso capire il perché. Vedi mai dei soldati?

A: Non molto spesso. Non nella nostra zona, a meno che non stiano cercando qualcuno.

D: C'è un mercato a Gerusalemme?

A: Sì. È una zona principale della città e c'è un mercato. E puoi comperare tutto ciò di cui potresti avere bisogno. È un zona particolare della città. E ci sono piccole... bancarelle, sono tutte sistemate con merci e cibo e... sono allineate su e giù per questa area che chiamano mercato. È all'aperto.

D: È vicino a dove abiti tu?

A: Sì. Vado a piedi al mercato. C'è più di un mercato in questa città, ma ce n'è uno non troppo distante da noi.

D: Come sono queste porte nel muro di cinta?

A: Mi è stato detto che sono state cambiate. Ma al momento sono fatte in legno, con due porte che si aprono. E sono alte, molto alte e pesanti.

D: Se sono cambiate, come erano prima?

A: Mi hanno detto che è stato necessario ricostruirle, così le hanno fatte più alte e più forti.

D: Perché furono ricostruite?

A: Penso che ci fosse stato un problema una volta con i soldati. E avevano intenzione di dare una lezione alla gente del nostro tempio. Ci fu una ribellione perché i Romani volevano che noi fornissimo loro più grano. E avevamo avuto anni di siccità. Così ci fu una ribellione e loro distrussero parte del muro e parte del Tempio. Penso che una parte del Tempio sia stata ricostruita. I Romani ci hanno dato molti problemi con le loro leggi e la loro mancanza di comprensione.

D: I Romani governano o cosa?

A: Sì. Hanno il controllo. Ma per noi, per la gente che fa parte del Tempio del Giudaismo, noi sentiamo che chi comanda è il rabbino. Ma i Romani hanno altre leggi, altro potere di controllo.

D: Penso tu mi abbia detto una volta che avete anche un re?

A: Un Romano. Il re controlla, decreta su tutti. Il re Romano.

D: Suppongo che essendo una ragazza non dovresti saperne molto di queste cose.

A: No. Preferisco di no. Scelgo di non riconoscerli come capi, da quel poco che so o che ho sentito, non mi interessa conoscere né loro né le loro leggi. Ci hanno causato molte difficoltà. Io voglio mettere la mia energia al servizio di una vita di insegnamento ed apprendimento per il bene di tutti. Così le persone possono vivere assieme, sia che siano Romani o Ebrei o di altre credenze religiose.

D: Ma come paese, dovete obbedire a ciò che dicono i Romani?

A: Sì, ora è da un po' di tempo che viviamo in pace.

D: Questo va bene. Grazie per avermi dato queste informazioni, perché mi facevo domande sulla condizione del paese. Hai detto che state aspettando che venga il Nazareno. Cosa fate in preparazione di ciò?

A: Faccio le cose della routine quotidiana, ma sento che lui sarà con noi molto presto. E io mi sono preparata. Ho le tuniche da indossare e sono pronta a partire. Il paese non è poi così sicuro. Tutte le volte che si esce dalla città o ci si allontana, potrebbero esserci, sia che siano Romani o no, bande di persone che rubano e uccidono.

D: Quindi non è molto sicuro là fuori, vero?

A: Non sempre. Non lo sappiamo.

D: È questo il motivo per cui ti vuoi travestire da ragazzo?

A: Così sarei più accettata.

D: Non necessariamente perché saresti più sicura?

A: Giusto.

D: Pensi che accetterebbero queste cose da una donna?

A: *Avrebbero più difficoltà. Alle donne non è permessa l'educazione che viene data agli uomini. Le donne devono accudire la casa e i bambini piccoli, e questo è ciò che ho fatto. Ho aiutato mia madre con i bambini dei quali si occupa durante il giorno.*

D: Questo è ciò che ci si aspetta da una donna, così pensano che non possa avere molta conoscenza. Ora spostiamoci avanti nel tempo quando lui è lì, quando arriva, e scopriremo cosa accadrà. Devo contare o sei già là?

A: *No, lo vedo. (Pausa). È con altri tre uomini. Entra e sta parlando con mio padre nel suo negozio. È entrato, mi saluta. Gli faccio sapere che ho preso la mia decisione. E che c'è solo una cosa per me da fare in questa vita ed è camminare con lui. E insegnare ed essere di aiuto a coloro che lui desidera io possa aiutare, siano essi malati o poveri o in qualunque necessità.*

D: Cosa dice lui?

A: *(Pausa) Lui mi ha guardato e ha preso il mio volto tra le sue mani e con quegli occhi che vanno oltre questo mondo, lui sa... lui sa che nulla di ciò che lui potrà dirmi mi fermerà. E dice ...così sarà. Mia mamma è entrata ora. Devo dirlo a mio padre e a mia madre adesso. Dico loro che ho fatto del mio meglio in questo periodo che è passato, sono stata tranquilla, ho pregato e io so che Dio desidera che io lo faccia. Ho ascoltato le voci che sento. E so che nessun uomo può trovare felicità con me, che mi si spezzerebbe il cuore se rimanessi qui e provassi a sposare qualcuno e avere una famiglia, perché non è la mia chiamata. Quindi spero che capiranno e manterranno l'amore nei loro cuori per me. Io però devo fare questo viaggio.*

D: Come reagiscono?

A: *La mamma piange. E papà tace. Ma il Nazareno dice "la ragazza parla dal cuore e sa che c'è un'unica verità. Così sarà. Lei può camminare al mio fianco conoscendo la mia protezione e affetto. Lei mi aiuterà ed imparerà a vivere secondo le Leggi di Dio e sarà al servizio dovunque lei sarà necessaria.*

D: E se lui vuole che tu vada, non c'è veramente molto che possono dire, vero?

A: *No, Io penso che, poiché sono stata paziente e calma nei mesi scorsi, sanno che lo farò comunque.*

D: Capiscono che non è solo un impulso giovanile

A: *Esatto. Egli sa che camminerò con lui.*

D: Quando ha intenzione di partire?

A: *Domattina, lui si dirigerà verso la campagna, in una zona dove le persone sono molto malate ed hanno bisogno di sentire i suoi insegnamenti così che possano trovare fede, speranza e una ragione per andare avanti. Gesù dice che queste persone sono chiamate "lebbrosi". Hanno una malattia che è molto penosa.*

D: Pensi che potrai andare in una zona così, con tante persone malate?

A: *Sì. Questo è il motivo per cui sono qua.*

D: Altre persone andranno con lui?

A: *Ha un gruppo che è solitamente con lui. Il gruppo sembra variare di numero. La maggior parte dei seguaci però sono uomini. Ogni tanto vedo donne, ma sono donne anziane.*

D: Nessuna della tua età?

A: *Esatto. Quindi io sono pronta.*

D: Perciò partirai in mattinata. Ti sei già tagliata i capelli? Hai detto che avevi intenzione di tagliarteli per camuffarti?

A: *Lo farò una volta che penso siano tutti a letto. Non voglio causare altro dolore. Mi mancheranno i bambini di cui si occupa mia madre. Mi hanno dato così tanta gioia. Ma so che i miei genitori hanno il loro lavoro da fare e sono dove devono essere.*

D: Sicuramente tu puoi sempre ritornare se non funziona.

A: *Sì. Ritorneremo qui.*

D: Bene, spostiamoci avanti al mattino quando tu stai per partire con lui, e dimmi cosa succede.

A: *(Sospiro) Trabocco di gioia e amore, ma sono anche un pochino triste. Perché sto dicendo addio ad una vita che conoscevo e ne sto per iniziare un'altra. (con tristezza) Abbraccio mia madre e la bacio e le dico che starò bene, che devo farlo e che le voglio bene. Mio padre ha le lacrime agli occhi. Ci abbracciamo. E... io do un'ultima occhiata (tutto ciò veniva detto con profonda emozione, poi con rassegnazione o determinazione) così ora sono pronta ad andare.*

D: (Era così emozionante che mi sentii quasi un'intrusa). Sarà una vita completamente nuova vero?

A: *(Sospiro profondo) Sì.*

D: Tu non sei mai stata effettivamente fuori da Gerusalemme, quindi sarà anche un avventura vero?

A: *(Sottovoce) Sì.*

D: Questa è una cosa che le ragazze giovani solitamente non riescono a fare (dovevo distogliere la sua mente dalla tristezza). Quante sono le persone nel gruppo che verranno con te oggi?

A: Oh.. vediamo. Sembrano esserci... siamo in dodici.

D: Compresi tu e Gesù?

A: Sì, sì.

D: Conosci qualcuno delle altre persone?

A: Hanno un aspetto familiare. Principalmente perché li ho visti con lui, o quando sono uscita di nascosto per le riunioni. Ma no...

D: Immagino che prima che sia finito il viaggio saprai chi sono e conoscerai i loro nomi. Li conoscerai molto bene probabilmente. Mi domando cosa pensano del fatto che tu andrai con loro.

A: Credo che stiano facendo un percorso simile al mio, quindi mi accetteranno.

D: Dovrete trovare cibo e riparo e cose del genere, vero?

A: In questo periodo dell'anno è solitamente abbastanza caldo per cui è facile allestire piccoli ripari sotto cui dormire. E sembra che ci siano brocche d'acqua e cibo. Quindi penso che loro siano organizzati per tutto il tempo in cui staremo via e conoscano posti dove potersi fermare.

D: Ci sono animali con voi? Mi domando come le cose vengano trasportate.

A: Alcune cose sono portate a mano. E vedo un animale da soma, un... asino, sembra essere caricato con delle cose. E sembra esserci anche una capra, ma non so se viene con noi o no. Penso che soprattutto sanno dove fermarsi, se hanno bisogno di scorte.

D: Hai preso qualcosa con te?

A: Sì, ho un sacco di tela nel quale ho diversa roba, ho una coperta e cose personali, solo lo stretto necessario.

D: Mi domandavo se ci fosse qualche oggetto personale o qualcosa che avresti voluto non lasciare.

A: Io... (sembrava imbarazzata) in realtà ho preso lo stretto necessario... Vuoi dire un oggetto personale o preferito?

D: Sì, qualcosa che non potresti lasciare.

A: C'è un amuleto che ho, da tenere o indossare al collo. È con me da quando ero bambina.

D: Che aspetto ha?

A: È stato forgiato da mio padre quando ero bambina. Ed ha un simbolo... credo sia una stella, una stella a sei punte. Ma per

*me è un simbolo di amore e di Dio. E deve averla fatta per me
quando avevo cinque anni.*
D: Ha qualche altro significato oltre al fatto che te lo ha donato
tuo padre?
*A: Ha messo una lettera al centro e questa lettera sta per la parola
vita ed è nel centro della stella. È (pronunciata) Ah-hi.*

L'uomo ebreo che mi ha aiutato a capire alcuni dettagli della
cultura ebraica disse che la parola che indica vita è pronunciata
foneticamente "Chai" ed è probabilmente la parola a cui lei si
riferiva, anche se nella lingua ebraica ha due simboli. Il centro
della stella di Davide è vuota e fu sicuramente possibile combinare
due simboli in uno da collocare al centro.

D: Quello è il nome della lettera?
A: E significa vita.
D: La stella a sei punte ha qualche significato?
*A: Questa è la stella di Davide. Questa è importante
nell'Ebraismo.*
D: La maggior parte degli amuleti, però, non ha la lettera?
A: No, lui l'ha fatta per me.
D: Quindi sarebbe un oggetto molto personale da portare con te?
A: Sì, non lo dico a molti (Risolino d'imbarazzo)
D: È personale. E posso capire cosa rappresenti per te. Sarebbe
una parte di casa da portare con te. Ci vorranno molti giorni
per arrivare dove state andando?
*A: Mi è stato detto che il viaggio sarebbe durato una giornata e
mezzo di cammino, a seconda, credo dell'energia, della salute
di ognuno, del caldo e così via. Probabilmente questo è
quanto ci si impiega.*
D: Sai in che direzione stai andando partendo da Gerusalemme?
A: Vediamo. Sembra che ci dirigiamo verso sud-est, sì.
D: Che aspetto ha la terra in quella direzione?
*A: Al momento vedo delle colline e della sabbia. E mentre
continuiamo a camminare vedo del verde in lontananza. Vedo
alcune zone con qualche albero. Vedo molto spazio aperto
desertico.*
D: Quindi farebbe caldo. È così che appare anche il territorio
intorno a Gerusalemme?
*A: Poiché ci sono sorgenti ed acqua a Gerusalemme, ci sono delle
zone verdi, alberi e colline. Non è tutto deserto.*

D: Sembra che avrete un viaggio duro da affrontare. Ma se sei determinata ad andare, è meraviglioso. Bene ora voglio lasciarti continuare il tuo viaggio.

Riportai Anna alla piena consapevolezza. Naomi si ritirò per aspettare la prossima volta in cui sarebbe stata chiamata per continuare la sua storia.

Il senso di ciò che Naomi voleva fare della sua vita, ed il coraggio che lei mostrò nel lasciare la casa di suo padre non mi furono chiari fino a che non feci delle ricerche sulle abitudini e costumi del tempo. Durante il tempo di Gesù, gli Ebrei vivevano seguendo strettamente la Legge, la Torah, o le Leggi di Mosè che si trovano nel primo dei libri del Vecchio Testamento. Queste regole governavano tutto nella loro vita ed erano argomento di discussione tra i sacerdoti e Gesù. A lui era stato insegnato ad interpretare la Legge in maniera diversa e più equa quando studiava con gli Esseni. Egli pensava che nella loro severità i sacerdoti avessero dimenticato l'individuo e che le circostanze possono influenzare il modo in cui queste regole possono venire applicate. In quella cultura, il modo in cui venivano trattate le donne ne è un esempio. A Qumran invece, sede degli Esseni, le donne erano trattate alla parità degli uomini. Veniva insegnato loro tutto ciò che volevano sapere e molte diventavano insegnanti. In Gesù e gli Esseni scoprimmo che Gesù aveva molte donne tra i discepoli, un fatto che è scomparso dalla Bibbia durante le molte revisioni e rimozioni.

Gesù parlava alla gente comune attraverso l'uso di parabole. Presentava i suoi insegnamenti in analogie che ricalcavano la quotidianità delle loro vite cosicché potessero capirle e far riferimento ad esse. Ai discepoli di Gesù venivano insegnate le leggi metafisiche dell'universo, metodi di cura e lo svolgimento dei cosiddetti "miracoli", perché avessero la preparazione che consentisse loro di capire queste cose. È dubbio se lui abbia trovato qualcuno con cui poter condividere tutta la sua conoscenza. La Bibbia non fornisce indicazione che lui lo abbia mai fatto. Egli trovò che le donne erano più in grado di afferrare i suoi insegnamenti per via delle loro abilità intuitive naturali. Quando giunse il momento per queste donne insegnanti di uscire fuori e diffondere i loro insegnamenti, egli sapeva che sarebbero state più in pericolo degli uomini. Quindi le abbinava ad un compagno maschio per la loro sicurezza. Il rispetto di Gesù per le donne considerate alla pari dell'uomo spiega anche la sua difesa della prostituta che stava per essere lapidata. Tutte queste cose crearono frizione perché contrarie agli insegnamenti della Legge. Questo si può capire venendo a conoscenza di come le donne in Palestina erano trattate durante quel periodo.

Secondo la Torah, una donna era inferiore ad un uomo. Le donne non partecipavano alla vita pubblica. Si riteneva che fosse appropriato per le donne (specialmente quelle non sposate) rimanere a casa. Non dovevano lasciare la casa se non con una scorta e, quando lo facevano, dovevano passare inosservate. I mercati, le sale comunali, i tribunali, i raggruppamenti e le riunioni, dove si radunava un gran numero di persone – in breve, tutta la vita pubblica – erano adatti per gli uomini ma non per le donne. Durante le enormi feste popolari che si svolgevano nel Cortile delle Donne al Tempio, la folla era così tanta che fu necessario costruire gallerie per le donne, allo scopo di separarle dagli uomini. Potevano partecipare al servizio della Sinagoga, ma c'erano barriere di reticolato che separavano la sezione delle donne ed avevano persino la loro entrata speciale. Durante la funzione le donne dovevano solo ascoltare, una donna non aveva diritto di testimoniare in faccende legali, perché la Legge arrivava alla conclusione che sarebbe stata bugiarda.

Alcune di queste regole erano difficili da far rispettare, per motivi economici. Molte donne dovevano aiutare i loro mariti nelle varie professioni, come la vendita delle merci o la lavorazione nei campi. Comunque, una donna non poteva rimanere sola nei campi e non era abitudine, anche in campagna, per un uomo conversare con una sconosciuta. Questa abitudine fu spesso disattesa da Gesù, con stupore dei suoi discepoli maschi; egli apertamente conversava con le donne ovunque le incontrasse. Normative sulla proprietà proibivano ad un uomo di rimanere da solo con una donna, di guardare una donna sposata, o persino di salutarla. Era scandaloso per una persona erudita parlare ad una donna per la strada.

La comprensione di questi costumi mostra anche che le donne rischiavano condanne e grave biasimo se osavano sfidare la tradizione, persino per andare a sentire parlare Gesù. Questo in parte può spiegare l'attrazione delle donne verso di lui. Qui c'era un uomo che le trattava diversamente dal modo in cui qualunque uomo le avesse mai trattato prima. Non c'è da meravigliarsi che lo amassero.

L'educazione delle donne era limitata alle abilità domestiche, in particolare la cucina, il ricamo, la tessitura e l'accudimento dei bambini piccoli. La moglie e le figlie erano totalmente sotto il controllo dell'uomo di casa, senza alcun diritto. Il dovere di una moglie era completa obbedienza al marito e i bambini dovevano portare rispetto prima al padre e poi alla madre. Fino all'età di dodici anni, il padre aveva pieno controllo su una ragazza, la quale poteva persino essere venduta come schiava se necessario. All'età di dodici anni diventava ragazza e il padre organizzava un matrimonio per lei. Lei stessa e la sua assoluta obbedienza sarebbero quindi state trasferite dal padre al marito.

Questo costume spiega perché Naomi fosse così preoccupata per il suo destino se fosse rimasta nella casa di suo padre. L'età comune per il fidanzamento di una ragazza era tra i dodici e dodici anni e mezzo e il matrimonio solitamente si svolgeva un anno dopo. Naomi continuava a dire che non aveva ancora tredici anni e che non desiderava sposarsi e condurre una vita normale. Questo era l'unico futuro che conosceva e che l'aspettava. Lei sapeva che se non esprimeva il suo desiderio, senza precedenti per una femmina, sarebbe rimasta intrappolata in una vita che non riusciva a tollerare. Questo spiega perché la sua richiesta di lasciare casa e seguire suo zio, cioè Gesù, era così straordinaria; sicuramente non sarebbe stata concessa in circostanze normali. Sfidando così apertamente i costumi della sua gente, Naomi dimostrò di essere una ragazza non comune. Questo spiega anche perché insistesse nel voler tagliare i capelli e vestirsi da ragazzo. Ad una ragazza era strettamente proibito mostrarsi in pubblico, figuriamoci poi viaggiare con un gruppo di persone. Lei si travestiva persino quando usciva di nascosto per frequentare le riunioni segrete. Queste cose erano accettate per un ragazzo ma mai per una ragazza.

Le scuole, come ho spiegato prima, erano scuole religiose per lo studio e la comprensione della Legge. Tranne che per la lettura e la scrittura, null'altro veniva insegnato. L'educazione era unicamente per i ragazzi ebrei e non per le ragazze. Di conseguenza ad una donna non sarebbe mai stato permesso di insegnare. Questa decisione poteva sembrare contraddittoria al tempo di Abigail quando lei fu assegnata al tempio come insegnante, nella prima parte di questo libro. Ma Abigail spiegò che non era ebrea, quindi non era legata alle regole della Torah. Questo può anche spiegare le ragioni più profonde del perché i sacerdoti sembravano disprezzarla e perché tentavano di sottometterla.

Solo in riferimento a questo ambiente culturale possiamo apprezzare interamente il comportamento di Gesù verso le donne. I Vangeli parlano di donne che lo seguivano e questa era una cosa mai accaduta nella storia di quel tempo. Gesù deliberatamente ribaltò i costumi quando permise che ciò accadesse. Egli predicava alle donne, permetteva che partecipassero apertamente, faceva loro delle domande e Giovanni Battista le battezzava. Gesù non si accontentava solo di portare le donne ad un piano più alto di quello che era il costume a quel tempo, voleva portarle al cospetto di Dio su una posizione uguale a quella degli uomini. Tutto ciò che Gesù insegnava era contrario ed eversivo al punto di vista di una persona media dell'epoca. Ci volle molto coraggio sia per gli uomini che per le donne, andare alle sue riunioni e scegliere di seguire il suo nuovo tipo di religione.

CAPITOLO VII
IL VILLAGGIO DEI LEBBROSI

La lebbra è una malattia molto antica che risale ai tempi Biblici e probabilmente anche prima. Nella sua forma peggiore è veramente orribile ed anche oggi le vittime sono isolate in ospedali, colonie ed isole. Questa condizione ha origine dalla paura associata alla malattia, poiché è contagiosa ed i sintomi possono creare condizioni fisiche miserabili che persistono per parecchi anni prima di uccidere il paziente.

Ora viene chiamata malattia di Hansen e non si è ancora capito esattamente come il germe entri nel corpo, o come sia trasmesso. È infettiva, ma il periodo di incubazione si stima tra i due e i venti anni. Agisce molto lentamente. Sebbene la lebbra sia vista come contagiosa, spesso i membri della stessa famiglia non contraggono la malattia. Quindi sebbene la lebbra sia esistita fin dagli inizi della storia conosciuta, è ancora una malattia misteriosa.

È difficile per le persone del giorno d'oggi capire il terrore e la paura che la malattia creava al tempo di Gesù. Era così terribile che l'unica soluzione consisteva nell' isolare i malati, separandoli dal resto della popolazione, in un posto distante. Lì potevano vivere, ma non avrebbero dovuto essere visti dagli altri. Se le persone non li vedevano, potevano dimenticarsene. Al tempo di Gesù, la sofferenza era vista come un segno di scontento di Dio. Perciò le persone non si preoccupavano di quello che capitava a questi poveri esseri umani, purché non avessero a che fare con loro. La Bibbia li chiama "impuri" e la gente viveva nella paura di contrarre la malattia. Le povere vittime non potevano essere curate con mezzi ordinari e venivano escluse dalla società, come se fossero civilmente morte. I loro villaggi erano evitati così come i loro abitanti.

La Bibbia descrive i sintomi della malattia e le precauzioni da prendere, ma le descrizioni sono vaghe. Al giorno d'oggi la maggioranza degli studiosi della Bibbia concordano che, secondo la Legge Ebraica, la lebbra designava un'imperfezione che marchiava la vittima come "impura". Esperti nel campo medico sostengono che alcuni dei sintomi non solo descrivono la lebbra ma anche una serie di altre più comuni malattie della pelle, che non sono né contagiose né mortali. Alcune di queste malattie erano una varietà di psoriasi, una malattia della pelle molto comune nell'antichità. Tra le malattie della pelle, questa è la più universale di tutte, poiché si trova in ogni condizione climatica e tra tutte le razze. In alcuni casi quando si manifesta tra poveri e tra coloro che vivono in condizioni malsane, la psoriasi può essere associata ad altri disturbi infettivi, specialmente la scabbia o il prurito. Può rapidamente assumere forma di pustole e procurare ulcere, riproducendo perciò i sintomi della lebbra.

Ci sono anche diversi tipi di malattie della pelle, che sono prodotti da parassiti delle piante o epifiti. La comune tigna è un esempio di tale malattia. Nessuno di questi parassiti pregiudica la salute generale. Ci sono anche diversi funghi, come quelli che normalmente causano la muffa e la muffa del legno. Questi si auto-riproducono, e riguardano le case e gli indumenti. Questo è probabilmente ciò che la Bibbia definisce come lebbra della casa e degli indumenti. Queste manifestazioni parassitarie hanno la sembianza di alcune varietà di psoriasi e sono contagiose.

Nei tempi Biblici ci possono essere state malattie che sono ora a noi sconosciute. Molte persone nel Medio Evo ed anche più tardi con diversi problemi della pelle, venivano spesso considerati lebbrosi, e trattati come tali, venendo rinchiusi in ospedali per lebbrosi. Questo si verificò fino a quando all'inizio del sedicesimo secolo venne intrapresa un'ispezione di controllo in Francia e in Italia sugli ospedali sovraffollati per lebbra. Per un gran numero di ricoverati e in alcuni casi nella totalità, si scoprì che questi pazienti soffrivano semplicemente di varie malattie della pelle e soltanto una minoranza presentava i sintomi della lebbra.

Quindi era possibile che ci fossero persone con malattie non contagiose e non mortali collocate nella stessa categoria e messi in isolamento con i lebbrosi. Gli Ebrei non volevano correre rischi e chiunque avesse un problema persistente di pelle era considerato "impuro". La paura aveva il sopravvento e nessuno pensava di avvicinarsi né tanto meno di toccare un lebbroso. L'unica eccezione fu Gesù, perché lui considerava tutti uguali. Egli riusciva a vedere sotto il loro aspetto sfigurato e sapeva che c'era un'anima umana indistruttibile che dimorava all'interno dei loro corpi deformati.

La vera lebbra è normalmente una malattia lenta ed insidiosa. All'inizio due sono le caratteristiche che si manifestano: perdita di sensibilità nelle fibre nervose che alimentano la pelle ed uno stato congestionato dei capillari sotto pelle, che si evidenzia con macchie circolari o chiazze di forma irregolare e di varia dimensione, sulla fronte e sul corpo, il volto e il collo, magari presentando un diffuso rossore. Queste chiazze possono cambiare colore e quindi possono esistere allo stesso tempo macchie rosse, violastre o bianche.. nei primi stadi c'è quasi assenza di dolore ed un certo grado di insensibilità o anestesia permane in tutte le zone coinvolte. Le dita in particolare diventano intorpidite, atrofizzate e marroni. Ci sono piaghe che diventano ulcere e hanno secrezioni.

In altri casi, si lussano le articolazioni e le dita delle mani e dei piedi cadono. Dopo un po' si perdono gli arti e le persone sono gravemente sfigurate nel volto e nel corpo. C'è un grande deterioramento fisico con questa malattia, poiché lentamente e gradualmente consuma parti del corpo. In molti casi la quasi totalità della morfologia umana può essere orribilmente devastata dalla mutilazione. Mentre è spiccata la perdita delle percezioni sensoriali, ci sono spesso bruciori interni e dolori neurologici che producono grande sofferenza. Le povere vittime possono vivere dieci o quindici anni mentre la malattia progredisce, e non c'è cura conosciuta che sia veramente efficace. I sintomi possono essere curati, ma la malattia in sé è incurabile. Da secoli l'olio di Chaulmoogra è stato considerato la cura della lebbra. Ai giorni nostri, nonostante nuovi sviluppi farmacologici, l'olio di Chaulmoogra e i suoi derivati etilici continuano ad essere ampiamente usati in molte parti del mondo. Questo olio deriva dai semi del frutto di un grande albero che cresce in India. È abbastanza probabile che questo olio fosse conosciuto ed usato in Palestina, per via del commercio attivo con i paesi limitrofi, incluso l'India.

Nel Nuovo Testamento, vengono citati dodici casi di lebbra e dieci devono essere considerati sotto un unico capitolo. In Luca 17:12-19, Cristo guarì i dieci lebbrosi, ed uno solo tornò per ringraziarlo.

In nessuna parte del Nuovo Testamento si dice che Gesù sia andato nei villaggi isolati creati apposta per i lebbrosi. Ci sono solo pochi casi in cui egli li incontrò casualmente. Forse questo può spiegare perché egli non era respinto o non aveva paura di loro. Da quanto emerge dalla mia personale ricerca con Naomi, egli aveva trascorso molto tempo in mezzo a loro nelle loro case. Sono andata così tanto nel dettaglio perché credo che una comprensione di questa orribile malattia renderà più chiare le condizioni in cui Gesù e i suoi seguaci lavoravano.

Quando Naomi disse che il primo posto dove il gruppo di Gesù sarebbe andato era il villaggio dei lebbrosi, ho incominciato a vedere la logica del pensiero di Gesù. Egli era giunto alla conclusione che sua nipote era determinata ad andare con lui. Non sarebbe riuscito a dissuaderla. Portarla in un luogo come una colonia di lebbrosi, sarebbe stato "un battesimo del fuoco". Qui lei sarebbe stata messa difronte a gente penosa con una malattia nella forma peggiore. L'esperienza l'avrebbe fortificata o fatta cedere. Si sarebbe resa conto che questo tipo di lavoro non era piacevole, ma significava essere esposti alle sofferenze e al deliberato isolamento delle persone. Non fu un caso se Gesù scelse di portare Naomi in questa situazione ed esporla al peggio come prima esperienza... Egli probabilmente aveva considerato che, se lei non l'avesse sopportato, avrebbe implorato di tornare alla sicurezza della casa dei suoi genitori... Credo che lui avrebbe fatto sì che lei tornasse, ma in quel caso sarebbe stata una decisione della ragazza e l'avrebbe dovuta accettare. Lei non avrebbe avuto nessun altro da biasimare tranne se stessa. Lei aveva seguito il proprio cuore e avrebbe presto scoperto se il percorso del Nazareno sarebbe stato anche il suo percorso oppure no.

Quando noi continuammo il racconto nella sessione della settimana successiva, ipotizzai che nulla di importante sarebbe potuto accadere nella giornata e mezza di viaggio. Per questo motivo portai Naomi avanti nel tempo alla fine del viaggio.

D: Il primo viaggio dopo aver lasciato la casa dei tuoi genitori è quasi finito. Cosa stai facendo? Cosa vedi?
A: *Stiamo entrando nel villaggio dei lebbrosi, vedo un grande stagno d'acqua e vedo colline. Il villaggio è protetto da colline calcaree. Stiamo entrando nel villaggio ora.*
D: Avete avuto un viaggio pesante?

A: È stato lungo e molto caldo, ma non abbiamo incontrato difficoltà, non è stato così difficile.

D: Gli altri del gruppo sanno che tu sei una ragazza?

A: No, pensano che io sia un ragazzino. Indosso le tuniche di un ragazzo giovane. Ed anche se il mio viso può sembrare un po' femminile, a questa età è difficile a dirsi. Io sono esile e muscolosa, quindi è un fisico adatto per sembrare un ragazzino.

D: Ti chiamerai con un nome diverso?

A: Non ho... fammi vedere (Risolino) ora ricordo. Non ci avevo pensato, ma certo, ho così tante cose per la testa. Sono stata presentata e il Nazareno ha esitato. Ma poi mi ha presentato come Nathaniel. Nathan.

D: Nathan. E lui ha spiegato a loro che voi siete in qualche modo collegati?

A: No, ha detto che sono il figlio di un caro amico, che sta cercando di scoprire se questo è il cammino adatto su cui proseguire.

D: È stato molto diplomatico. Mi domandavo cosa sapessero di te gli altri del gruppo? Quindi da questo momento ti considereranno come Nathaniel o Nathan. Hai detto che il villaggio era protetto da colline?

A: Sì. Fammi vedere se posso spiegare. C'è una serie di collinette calcaree che non sono molto alte. E ai piedi di queste colline c'è il villaggio. Lo stagno potrebbe derivare da una grande sorgente. È dall'altra parte del villaggio. Questa è una colonia piccola. Sembra che ci sia un po' di vita vegetale, ma la zona è abbastanza asciutta e desolata.

D: È molto distante da altri villaggi o cittadine?

A: Sì. Hanno scelto questo luogo proprio per la distanza. Queste persone non sono trattate bene e hanno bisogno di un luogo dove possono vivere in relativa pace.

D: Perché non sono trattati bene?

A: Questa malattia crea deformità e molta paura nella gente. Quindi la persona comune non è socievole e guarda a malapena queste persone, specialmente quando la malattia ha raggiunto uno stadio critico. Vivono con la paura di prendersi questa malattia.

D: Hai mai visto le persone con questa malattia?

A: No, ma non provo nessuna paura perché sento di trovarmi dove devo essere. E le mie voci e le mie preghiere mi hanno dato la forza di comprendere che io devo essere al servizio. E sapere che io sto aiutando a guarire, sia fisicamente o emotivamente, mi da forza.

D: Suppongo ti dia comunque forza il fatto che Gesù non si preoccupa di andare lì.

A: Sì, la sua mancanza di paura elimina qualsiasi timore che io possa avere.

D: E hai detto che c'erano parecchi altri nel gruppo vero?

A: Sì, fammi vedere, li posso contare, sembrano essere circa... dodici.

D: Sono tutti uomini?

A: Ci sono due donne anziane. Penso che queste siano donne che hanno esperienza di guarigione. Hanno fatto altri viaggi con lui. Forse vengono soprattutto quando lui va in questo villaggio.

D: Pensi che egli sia già stato in questo villaggio?

A: Sì. Egli rivisita diversi posti. Loro vivono nella speranza di un suo ritorno.

D: Hai idea di quanto vi fermerete lì?

A: Mi sembra di capire che passeranno sette giorni.

D: Vivrete in mezzo alle persone mentre lui è lì, che tu sappia?

A: Abbiamo allestito il nostro campo, ma è nel villaggio. E poi io devo rimanere al suo fianco ed essere istruita dai medici. Sarò semplicemente un osservatore o un assistente

D: Allora alcuni del gruppo sono dottori?

A: Sì, so che le donne hanno assistito alle nascite, ma hanno anche affiancato i dottori quindi hanno competenze adeguate nella loro formazione.

D: Pensi che qualcuno degli uomini sia medico?

A: Non proprio istruiti come tali. Non questa volta. Egli non riesce sempre ad avere dei medici che vogliano seguirlo quando lui è pronto a fare un viaggio. Le persone del gruppo hanno la preparazione per lavorare con i lebbrosi e forse sono stati assistenti di alcuni medici e quindi possono continuare il lavoro.

D: Quindi solitamente quando egli intraprende questi viaggi, porta dottori con sé

A: Sì. Se sono disponibili ed hanno la volontà di farlo.

D: Sì, posso capire che anche un medico potrebbe avrebbe paura. Quindi ora ti sposterai un po' avanti nel tempo e mi dirai cosa accade?

A: (Sospiro) Sì. Tre di noi stanno andando verso una piccola casa. La famiglia che vi abita è composta da un anziano e sua moglie e sembra che ci siano altre due persone. L'uomo più

anziano... (prese fiato con un profondo respiro e disse con un'espressione sonora di ripugnanza). Ohhh mamma mia!

Era ovvio che Naomi stava facendo la prima esperienza con qualcuno che si trovava negli stadi peggiori della malattia.

A: Sto cercando di essere molto forte ma... (sottovoce) è difficile. Questa persona è in condizioni molto critiche. Sembra che tutto quello che si può fare ora è cercare di alleviare il dolore e si spera che presto faccia la transizione fuori dal corpo.

D: Hai detto che siete entrati in tre. Uno di voi era Gesù?

A: Sì, con una delle donne anziane. Lei ha un pacco con bende e diverse polverine che mischia per aiutare ad alleviare il dolore. È lenitivo ma nulla sembra avere la meglio sulla malattia. Da quando sono qui ho visto la malattia in diversi stadi. Ogni tanto ti dà qualche speranza che non peggiorerà. Ma queste persone fanno del loro meglio per vivere con fede e si aiutano l'un l'altro.

D: Hai detto che questo uomo è così grave che proveranno solo ad alleviare il dolore. Lo farà la donna anziana?

A: Sì. Ma lei è qui principalmente per il bendaggio e per cercare di alleviare il peggio della decomposizione. Gesù prega e pone le sue mani sull'uomo. E... percepisco la luce che emana il viso di quest'uomo. Il Nazareno ha messo le mani in cima alla propria testa, l'aureola, e io vedo la luce brillare. E poi lui mette le mani sul cuore dell'uomo. Egli rimane in questo modo in preghiera silenziosa sopra l'uomo. E io vedo questa luminosità dorata provenire dalla zona del cuore. (Con commozione) Oooh! È difficile da descrivere.

D: Cosa vuoi dire?

A: È bellissimo ma è più di quello. Ti riempie. Riempie ogni vuoto dentro di te e ti fa sentire tutto caldo e pieno d'amore e non c'è vuoto dentro. È difficile descriverlo a parole.

D: Vuoi dire che senti tutto ciò solo guardando?

A: Sì, sì ... e si può capire che quest'uomo...il suo volto è in pace... il dolore sembra diminuito. E il Nazareno l'altro giorno... ha alzato la mia mano e con un dito ha disegnato un cerchio sui palmi delle mie mani (facendo il movimento). E ha detto "Anche questo è il cuore. Il centro del palmo delle mani. Nel centro c'è un altro chakra del cuore". Ecco perché c'è tanto potere nella guarigione di queste mani, a causa dell'energia che passa direttamente.

D: Egli ha usato la parola "chakra"?

A: Centro... del cuore. Chakra... del cuore? Non sono sicura.
D: Intendeva le tue mani o le proprie?
A: Penso che intendesse le mani di ognuno. Lui ha preso la mia mano... ha preso l'altra e ha detto "Anche questi sono centri del cuore" (di nuovo fece il movimento di disegnare dei cerchi nel centro dei palmi).
D: Ha disegnato un cerchio sui tuoi palmi?
A: Sì. Forse questo è parte del mio insegnamento. Perché io ho sempre sentito l'energia e la forza proprio lì. E ogni volta che lui mi toccava era così forte. Quindi se tu conosci la connessione, se tu sei consapevole della connessione, e viene fatto attraverso il cuore e con purezza, allora l'energia è proprio una connessione diretta. E quell'energia dal cuore è la medicina più potente di tutte.
D: Forse le persone non capirebbero, vero?
A: Credo di no. Ma a me sembra così naturale.
D: Quindi egli vuole dire che oltre al cuore dentro al corpo, ci sono altri centri del cuore?
A: Questo è come lui l'ha spiegato. Quello è ciò che ho capito e non ho mai sentito nessuno dire cose del genere prima.
D: Forse questo spiega alcuni dei modi in cui lui era capace di guarire.
A: Quando egli me lo ha detto mi è sembrato così giusto. Aveva un senso. E poi quando l'ho osservato, è stato tutto molto chiaro. Equando tu guardi le persone, sai che questo è solo uno strumento. Questo pover'uomo soffriva terribilmente ed ora il suo viso è così in pace.
D: Pensi che gli altri nella stanza colgono quello che percepisci tu?
A: Non so. So che devono sentire qualcosa, perché... il silenzio è così diverso. Devono sentire l'energia, o semplicemente vedere l'amore e l'umanità che sgorgano da lui.
D: Credo che sarebbe stato ovvio per chiunque avesse visto queste cose che lui non fosse un uomo comune.
A: No. Egli è così consapevole, così in sintonia con ...(aveva difficoltà a trovare le parole) l'unione intima con Dio, o Dio dentro di sé, o lo scopo di Dio. Non conosco la parola giusta. Ma io credo che la maggior parte delle persone non sarebbe nemmeno in grado di comprendere le cose che sono così chiare e semplici per lui.
D: Pensi che lui sia diverso dagli altri uomini?

A: È diverso a causa della sua sensibilità, comprensione e la sua totale mancanza di paura. Lui è così sicuro del suo posto e del suo dovere.

D: Hai mai sentito qualcuno dire che egli potrebbe essere diverso dagli altri?

A: Sì. Ci sono persone che lo trasformano in qualcosa simile ad un dio. Egli ha dei poteri e dalle capacità che non ho mai visto. So che è fatto di carne, eppure so che il suo spirito e la sua energia sono diversi.

D: Hai sentito persone dire che è più simile ad un dio?

A: Sì. Perché quando lo vedi fare alcune cose che lui fa, non c'è altro modo per spiegarlo. Eppure egli prova ad insegnare che noi tutti siamo in grado di essere come lui e di fare ciò che fa lui. Io credo che la maggioranza di noi non riesce a trovare la purezza di cuore e il desiderio. È molto difficile essere su un percorso come il suo, e non essere sviati da altre cose dalle quali viene trascinata la maggioranza degli uomini e delle donne.

D: Sì. La parte umana del vivere renderebbe molto difficile rimanere puri. In questo senso lui è differente.

A: In quel senso lui è come nessun altro.

D: Mi domando cosa pensa lui quando sente che le persone dicono che è come un dio?

A: (Risata) Ma lui questo non lo accetta. Oh, mi ricordo che diceva una cosa del genere... Egli diceva "fratello mio io non sono più di te, io riconosco solo ciò che posso essere e come posso servire, ed ho vero amore e fede nel mio Dio"; egli cerca di spiegare ciò che pensa sia il suo scopo.

D: Quale pensa sia il suo scopo?

A: Egli pensa di essere stato mandato qui come maestro di vita, un raggio di vita. Essere un esempio di ciò che l'umanità può essere e far capire i doni che l'umanità può avere. E che tutte le persone possono fare ciò che lui sta cercando di insegnare.

D: Questo lo comprendo, ma sai come sono le persone. È difficile arrivare ad alcuni di essi.

A: Sì. E la maggior parte vive nella paura di qualcosa o di molte cose. Fino a che non riusciranno a dissipare questa paura e non aver paura di conoscere se stessi e ascoltare il loro cuore, non saranno raggiunti. Devono arrivarci da soli.

D: Comprendo. (Ritornai alla scena che stava osservando). Egli sta lavorando con quest'uomo nella stanza e l'uomo non soffre più. Fa qualcos'altro dentro quella piccola casa?

A: No. Lui è stato un po' con l'uomo poi è andato dalla moglie, le ha preso le mani. Non sono quasi riuscita a sentire cose le diceva, ma le ha detto che sarebbe tornato. Poi prosegue per le visita seguente.

D: Vai con lui nella visita successiva?

A: Sì. Siamo andati ... Oh questo è molto triste. L'edificio dove noi siamo entrati ospita anche bambini senza famiglia o genitori. Ma non tutti i bambini sembrano malati. Non si riesce a capire se hanno la malattia. Credo che questa malattia si possa svilupparein diversi stadi oppure a diverse età. Quindi alcuni di loro hanno un aspetto perfetto. E poi alcuni di loro sono... consumati (profondo sospiro). Ma questa è la casa dei bambini.

D: Abitano assieme nella stessa casa i bambini che non hanno i genitori?

A: Sì. C'è un'infermiera o custode che sta sempre con loro. E ci sono altri aiutanti o assistenti che vengono durante il giorno.

D: Che cosa fa lui lì?

A: Va da ogni bambino e ... o parla con loro o ... li tocca ... vedo che tocca loro il viso, sorride loro amorevolmente, e pone le sue mani su di loro. Ma prende del tempo per poter parlare a ciascuno.

D: Riesci a sentire ciò che dice?

A: Oh! C'è una bambina seduta in un angolo e ... lui le chiede il nome e... (grande sorriso) lei gli sale in grembo. Gli domanda se starà bene o se morirà. Egli dice che starà bene e crescerà e si prenderà cura dei bambini. E che deve avere un cuore puro e amorevole e non disperare, perché lei è dove Dio ha bisogno che lei sia. E lei conoscerà l'amore e ... questo è ciò che lui le dice (tutto questo era detto con emozione).

D: Questo è molto bello. Che cosa ha fatto la ragazzina?

A: È seduta e lo sta fissando. Egli l'ha abbracciata e l'ha messa giù. Lei sorride. C'è un ragazzo da cui sta andando, che ha una gamba sola. Oh.. è in pessime condizioni. Ma Gesù s' avvicina e si inginocchia accanto al ragazzo e mette le sue mani sul di lui. La faccina del ragazzo sta guardando verso l' alto e le lacrime cominciano a correre giù dalle guance (anche lei era quasi in lacrime mentre raccontava). Il ragazzo ha ravvisato qualcosa di speciale, lo posso dire.

Era difficile per me rimanere obiettiva. Il racconto era così commovente. Sentivo veramente di essere lì alla presenza di tutta questa emozione profonda.

111

D: Riesci a vedere qualcosa questa volta? Pensavo a quella luce.

A: *Oh! Ho visto... mi sembra di percepire la luce. Magari non così forte come prima. C'era qualcosa di veramente intenso con quell'uomo anziano. Io noto sempre una luminosità che viene dalle mani del Nazareno tutte le volte che lui impone le mani. Questa volta ho visto la luminosità quando lui ha messo le mani sulla testa, sul cuore e sulle gambe del ragazzo. Ma ho visto anche un bagliore soffuso, il bagliore dorato attorno alla testa di Gesù... come la metà di un cerchio.*

D: E c'è sempre questo bagliore dorato?

A: *No, non sempre. C'è qualche volta quando è con qualcuno o qualche volta quando mi parla. Ma non c'è sempre.*

D: È successo qualcosa quando lui ha imposto le mani sul ragazzo?

A: *Gli ha alleviato il dolore. Sembra sempre sollevare le persone. Questo è ciò che ho visto.*

D: Quindi non accade un miracolo ogni volta che fa questo, o come definiresti un miracolo?

A: *Io chiamerei un "miracolo" il fatto che il dolore sia alleviato e che loro si sentano in pace. Però non vedi queste persone alzarsi e camminare o riavere i propri corpi sani. Il miracolo è l'amore e come questo li aiuti ad alleviare il dolore. E se devono migliorare, accadrà. Ho sentito dire che alcune di queste persone non hanno mai contratto la malattia. Qualche volta si ferma e non sanno il perché. Ma solitamente progredisce e tutto ciò che si può fare è alleviare il dolore.*

D: Quindi l'energia prende forme diverse a seconda delle persone.

A: *Sì, qualche volta se la sua energia è accettata... forse per le persone che hanno più fede o più fiducia in ciò che sentono provenire da lui, forse per queste persone è più facile guarire. Sebbene lui mi abbia detto che ognuno ha il proprio tempo per essere restituito alla Sorgente. Potrebbero solo essere in questo corpo fisico per un po', quindi è difficile saperlo.*

D: Lo capisco. Lui ha qualche spiegazione del perché le persone debbano soffrire in quel modo?

A: *Lui crede che sia parte della progressione individuale. È difficile spiegare quando vedi le persone soffrire così, divorate dalla malattia. Ma lui sa che le motivazioni esistono per tutto, e le lezioni devono essere imparate da tutto quanto, quindi nulla accade per caso. Forse hanno creato questa lezione in un tempo antecedente, quando camminavano qui sotto altra forma. Ecco perché alle persone afflitte dal dolore o dalla malattia qualche volta è permesso andarsene prima degli altri, perché la lezione è finita.*

D: Lui pensa che gli esseri umani abbiano vissuto in altre forme?

A: Non dice esattamente così, ma dice "Quando sono stati qui prima. Quando hanno imparato lezioni precedenti" lo dice in modi diversi. Ma si capisce che lui crede che abbiamo visitato questa terra più di una volta, per imparare e per essere di servizio. E siamo in missione di Dio ogni volta che veniamo. Ci aiuta ad avvicinarci a dove dobbiamo essere, come persone. Quindi non c'è separazione.

D: È la stessa cosa che insegna la tua religione?

A: No, non ho mai sentito nella mia formazione le cose che ho sentito da lui. Eppure quando le sento da lui, sembrano così chiare, così giuste, così familiari. So che lui ha studiato in diversi luoghi, con molti maestri saggi. Per questo motivo è stato reso consapevole di così tanto.

D: Sì, molto di più rispetto alla media dei rabbini.

A: Sì, loro non vogliono sentire nulla di nuovo. Quindi lui cammina per la sua strada ed insegna le sue credenze.

D: Forse questo è uno dei motivi per cui lui non è sempre d'accordo con ciò che viene insegnato nel Tempio.

A: Sì. E questo riempie i rabbini di angoscia e paura dovuta al fatto che le loro credenze vengono scosse. Che il loro potere e la loro autorità vengono messi in discussione. E lui è in grado di fare ciò senza essere forte o violento. Per cui, ho imparato che, poiché esistono diversi tipi di paura, non si riesce a vedere chiaramente o sentire la verità o la luce. Devi sbucciare ogni strato di paura. E credo che questo comporti molte vite.

D: Quindi capisco che i rabbini abbiano paura di lui. La persona media non sfiderebbe la loro autorità vero?

A: No, perché se sei stato cresciuto con un insegnamento che ti dice che "Questa è la verità, questa è la Legge", tu non fai domande o dubiti.

D: Devono pensare che lui sia veramente una persona fuori dal comune, per contestarli.

A: Sì, la maggior parte di loro, non tutti. Ci sono alcuni che sono più gentili e saggi. Non vogliono prendere le sue difese, ma non sono nemmeno contro.

Ritornai alla scena che stava guardando.

D: Fa qualcos'altro nella casa con i bambini?

A: Oh, lui fa loro visita e più tardi usciranno e si siederanno con lui vicino la sorgente d'acqua. Oppure quelli che possono, vanno a piedi con lui.

D: Molto bene. Hai fatto altro quel giorno?

A: Oh. Sono andata con la donna più anziana a fare alcune faccende (insicura del termine), l'ho aiutata con le bende e a mischiare le polverine. Ho semplicemente aiutato a pulire e a fare cose confortevoli per le persone.

D: Quindi non sei rimasta con Gesù per tutto il tempo. Ci sono anche altre cose da fare. Bene sembra che tu stia facendo quello che volevi fare. Sei contenta di essere venuta o ti dispiace?

A: Oh! Sono molto contenta. Questo è quello che devo fare. Sono sicurissima. Non ho desiderio di fare altro. Come ho già detto se fossi rimasta nella casa dei miei genitori, mi fossi sposata e avessi avuto una famiglia, avrei deluso molte persone. Perché se tu vai contro il tuo cuore e il tuo intuito, alla fine devi affrontare il fatto e solitamente soffrono tutti. Quindi è meglio essere sinceri, forse causare un po' di dolore all'inizio. Ma sapere qual è la tua verità e dove dovresti essere è sempre la cosa migliore.

D: Pensavo che come ragazza giovane, che non aveva visto molto del mondo, sarebbe stato difficile vedere delle persone così terribilmente malate

A: È difficile, perché persino la mia immaginazione non l'aveva rappresentato così. Ma c'è questo senso irresistibile di essere necessari ed utili. E nel dare come nel ricevere, questo mi appaga. Non ho bisogno di altro.

D: Bene, perché molte ragazze avrebbero voluto tornare a casa dopo aver visto qualcosa del genere.

A: No. Non per me. Io voglio continuare, desidero alleviarli, per quanto posso.

D: Questo è veramente ammirevole.

A: No. Non so come spiegarlo. Non avrei potuto fare nient'altro in questa vita. Ne ho bisogno. Ne ho bisogno tanto quanto chiunque io possa aiutare, perché non c'è nient'altro che mi appaga.

D: Va bene. Spostiamoci qualche giorno più avanti e vediamo se accade qualcosa che tu voglia raccontare mentre sei nel villaggio. Un evento o qualcosa che Gesù ha fatto di cui mi vuoi parlare. Riesci a trovare un episodio?

A: Vedo un momento più piacevole quando siamo tutti radunati attorno alla sorgente d'acqua. È una giornata molto

114

gradevole e ci sono molte persone del villaggio fuori con lui.
Lo vedo in piedi con le sue mani alzate e sta parlando. Si
avvicina e prende una tazza d'acqua e la dà ad una di quelle
donne sedute. Lei beve l'acqua. Lui pone le mani sul capo
della donna. Le dice "Sorella mia, la luce di Dio è su di te.
Questa energia sta scorrendo attraverso te. Troverai la forza
e lascerai andare la malattia. Poiché tu sei necessaria per
poter fare altro". E vedo la donna seduta come in trance...
sento una brezza fresca... e mi ricordo il tempo che passava.
Lui si sedette davanti a lei. Vedo le sue mani alzate così (Anna
alzò le mani cosi che i palmi fossero rivolti verso l'esterno).
Vedo quella luminosità dal cuore e attorno la sua testa, e nelle
mani, al centro dei suoi palmi. Lei apre gli occhi, ed ha uno
sguardo diverso...più calmo... e sta piangendo. Lei prende la
mano di Gesù e la bacia e lo ringrazia perché sa che in lei è
avvenuto un cambiamento. Lei dice che ha sentito una voce
che le parlava. Lei sa che il suo posto è rimanere al villaggio
ed essere istruita come medico così potrà aiutare a guarire e
confortare quelli che hanno bisogno di lei.
D: Pensi che lei sia stata guarita dalla malattia?
A: Posso dire che mi sembra diversa. C'è qualcosa di visibile nel
suo aspetto. Un aspetto calmo. Un tipo diverso di luminosità.
C'è un cambiamento ma non riesco veramente a descriverlo.
So che le sue gambe erano state colpite, ma non so, dentro di
lei quanto profondamente fosse stata affetta. Quindi vedremo.
Ma questa non è la stessa persona.
D: Mi domandavo se c'erano dei segni visibili della malattia che
   fossero cambiati?
A: Era sofferente alle gambe. Mi ricordo che aveva problemi a
camminare. Ma non l'ho vista alzarsi o muoversi. Lei è
rimasta seduta nello stesso posto dopo aver baciato le mani
di Gesù, e vedo le sue lacrime scendere. Lacrime di amore e
di gioia. Ma il viso, il suo aspetto è diverso. Qualcosa ha
sicuramente trasformato la persona. Io credo che i
cambiamenti fisici avvengano più lentamente; non capitano
mai in modo repentino. La cosa immediata fu la sua
sembianza diversa. Un'immagine di pace, la sua luminosità.
D: Forse il cambiamento fisico avverrà lentamente in un periodo
   più lungo di tempo.
A: Ho sentito che accade così. E spero che accadrà anche a lei.
D: Quindi egli qualche volta non toglie solo il dolore. Lavora in
   maniere diverse

A: Sì. Dice che ognuno ha il proprio scopo, il proprio progetto. Queste persone hanno bisogno l'uno della forza dell'altro per poter continuare. Se riescono a vedere che nel loro villaggio la gente può recuperare ed essere di aiuto, questo costituisce già una guarigione per degli altri.

D: Sì, è vero. Quindi tu pensi che lui sia in grado di vedere il loro percorso?

A: Penso che lui possa talvolta, quando lui tocca le persone, credo che riceva immagini chiare e pensieri precisi di ciò che devono fare. La chiarezza arriva.

D: Apparentemente lui sapeva che questa donna doveva fare qualcos'altro

A: Sì. Da quel che vedo non capita sempre in quel modo. Qualche volta le cose accadono e noi non le sentiamo neppure.; non c'è uno schema regolare.

D: Dopo che tu vai via, qualcosa potrebbe accadere e tu non lo verresti neanche a sapere. È questo che vuoi dire. Va bene. Spostiamoci ad un altro evento mentre tu eri presente. È successo qualcos'altro di interessante?

A: (Pausa) Bene, quella è stata una cosa speciale. Ma io ... Oh sì! Ho visto che prendeva le bende e le polverine e le metteva sul viso di un uomo le cui guance erano divorate dalla malattia. Gesù fece questo e pose le mani sopra e pregò. E quando noi tornammo il giorno dopo per controllare l'uomo, il cambiamento fu ... (sospiro). È difficile parlarne perché non sembra vero. (con commozione) Era... come se le guance fossero ricresciute. La malattia era ancora lì, ma non avevo mai visto lavorare le polverine in quel modo quando le usavano le donne. Queste polverine aiutano sempre. Alleviano sempre il dolore – specialmente se è una brutta infezione. Possono fare una grossa differenza. Ma quest'uomo stava muovendo la bocca e beveva senza dolore, e aveva ... un aspetto diverso, come era successo con quella donna. E credo che qualche volta il Nazareno lo sa che ... forse lui riceve un pensiero o immagine chiara. Forse lui sapeva che, sebbene questo è il percorso di quell'uomo, costui aveva già fatto molto progresso spiritualmente... Forse in qualche modo collegando la sua energia del cuore al Nazareno, questa è così potente che condiziona anche la parte fisica. E ora la faccia di quest'uomo era ricomparsa, anche se la malattia era ancora lì. Ma era come una persona diversa, con un aspetto diverso. Era in grado di muovere ed usare la bocca senza dolore. Perciò questo era un miracolo. Sono tutti miracoli.

Credo che qualunque trasformazione possa essere un miracolo.
D: Non succede nello stesso modo ogni volta.
A: No. E tu ti spaventi – o non proprio- forse non è l'espressione giusta. Ma parlare di aver visto qualcosa del genere, lo rende quasi meno reale. Qualche volta se tu tieni il ricordo dell'esperienza per te, sai che è vero e che rimarrà nel modo in cui l'hai visto.
D: Perché è così difficile da credere.
A: Ma quello è stato ... così speciale
D: Chiunque venga in contatto con lui viene aiutato o ci sono delle persone che non lo sono affatto?
A: Credo che tutti siano alleviati. Ma non dura per sempre. Puoi vedere che il dolore è alleviato quando lui va a visitarli e li tocca. È più difficile quando la malattia peggiora, ma sono sempre sollevati dalla sofferenza anche se solo per un po'.
D: Mi domandavo se c'erano delle persone che non sono state affatto aiutate.
A: Oh, penso che ci potrebbero essere ma questo non l'ho visto. Io l'ho visto imporre le sue mani e parlare a queste persone. Sembra che questo abbia aiutate anche se solo per poco.
D: Dunque sono tutti aiutati in modo diverso. Sei rimasta lì nel villaggio per sette giorni come ti aspettavi?
A: Sì, siamo restati lì per sette giorni
D: Cos' hai fatto dopo?
A: Ci siamo messi in viaggio verso un altro villaggio.
D: Mi domandavo se ritornavate a casa?
A: No, credo che il viaggio questa volta sarà di altre tre tappe di sette giorni. Egli ha certe zone da visitare.
D: Sai qualcosa di ciò che troverai nel posto seguente?
A: È un villaggio dove lui ha molti seguaci. Dove gli chiedono di venire e insegnare attraverso le sue parole.
D: È distante?
A: Vediamo... ci vorranno due giorni.
D: Hai sentito alcuni dei nomi degli uomini che sono nel gruppo con cui sei tu?
A: Si. C'è... Giovanni, Ezechiele, Geremia ... Davide (fa una pausa mentre pensa). Non sono sicura.
D: Ora che sei con loro da un po' pensavo ti ricordassi alcuni nomi. Mi hai detto cosa facevano le donne. Cosa facevano gli uomini in quei momenti?
A: Sai ... non sono entrata in contatto con molti di loro. Credo che alcuni aiutassero nelle riparazioni e nel costruire, alcuni sono

117

scribi e insegnanti. Con alcuni di loro non ho affatto trascorso del tempo. Quindi credo abbiano dei compiti specifici, modi diversi di aiutare. Alcuni se ne vanno a pregare o a studiare da soli, quindi non li vedo mai.

D: Questo è ragionevole, perché ci devono essere molti modi di aiutare in un villaggio dove tutti sono così malati. Le riparazioni non potrebbero essere fatte, quindi ecco che gli uomini del tuo gruppo potrebbero aiutare in quel senso. E se fossero insegnanti probabilmente starebbero lavorando in un'altra parte del villaggio.

Tutto ciò risuonava molto pratico. L'interpretazione delle storie bibliche di Gesù e dei suoi discepoli dava l'impressione che lo seguissero di luogo in luogo ascoltando e cercando di imparare da lui. Per me, questa versione sembra più simile a quello che nella realtà sembra essere accaduto. Sarebbe stato sensato da parte di Gesù, circondarsi di persone con molti talenti, così potevano lavorare in modo pratico con le persone che incontravano. Dopo tutto, vivevano tutti nel mondo reale che era pieno di difficoltà. Tutto ciò mostra anche che Gesù non si aspettava di fare miracoli costantemente. Lui prendeva medici (uomini e donne) con sé per usare le loro polverine e pozioni di guarigione. Non contava solo sui suoi poteri. La nostra versione della Bibbia lo ha sempre dipinto come un essere onnipotente che non aveva bisogno di nessuno. Io credo che lui fosse più umano di quanto noi gli abbiamo riconosciuto. Se lui non aveva bisogno di nessuno, allora avrebbe potuto anche riparare gli edifici miracolosamente. I discepoli e i seguaci facevano tutto ciò che potevano per aiutare e non stavano seduti oziosamente a guardare il maestro all'opera.

D: Sembra che Gesù si circondasse di molti tipi di persone nei suoi viaggi

A: Si. Ma solitamente molti vanno a cercare lui. Molti di loro sentono il bisogno di essere di aiuto e di dare, al meglio delle loro capacità. Quindi sembra che siano lì sempre al momento giusto e quindi lui finisce per avere le persone di cui ha bisogno.

D: Giovanni ha dei compiti particolari?

A: Sembra essere molto vicino a Gesù e sembra essere come i suoi occhi e le sue orecchie. Mantiene le relazioni così le persone che hanno bisogno di vedere Gesù, lo riescono a vedere, e si assicura che lui venga ai raduni di persone. Giovanni organizza molte di queste attività o riunioni.

D: Vuoi dire che precede il gruppo ed organizza queste cose?

A: Qualche volta lo fa. Dipende dal tipo di viaggio. Una volta che arriviamo a destinazione, sembra che lui abbia l'incarico del nostro programma, assicurandosi che le cose siano fatte, portando all'attenzione del Nazareno qualunque cosa abbia necessità di sapere.

D: Quindi lui saprà quando qualcuno vuole fare una riunione o raduno.

Questa era un'altra idea pratica non presente nella Bibbia. Giovanni era simile ad un uomo delle pubbliche relazioni. Gesù non poteva girovagare di villaggio in villaggio, aveva bisogno di qualcuno che andasse avanti e si assicurasse che tutto fosse pronto e controllasse che tutto fosse sicuro.

D: Questo villaggio dove state andando, dove hai detto che ci sono gruppi di altri seguaci, questo villaggio, ha un nome? o non hai mai sentito che lo nominassero?

A: Sembra... Bar-el (lo disse più volte ed io ripetei dopo di lei).

D: E sarete lì tra due giorni. Questo sarà un posto diverso. Non ci saranno così tante persone malate lì. Devo dire che ti ha fatto iniziare con la parte peggiore, vero?

A: Sì. Ma va bene così.

D: Forse la saggezza dietro tutto ciò era che se riuscivi a sopportarlo lo avrebbe saputo subito (ridemmo tutte due) Va bene se ritornerò da te e parleremo ancora? Perché mi piace ascoltare del tuo viaggio e delle storie. Anche io voglio imparare.

A: Anche io.

D: E voglio imparare più cose possibili su questo uomo, così tu mi aiuterai.

Riportai Anna indietro alla piena consapevolezza e lasciai il registratore acceso mentre mi diceva alcune cose che si ricordava della sessione.

A: Mi ricordo che le persone che non stanno bene o non migliorano, non provano rabbia verso quelli che invece migliorano. Proprio adesso, con la memoria ancora ben chiara, ho questa forte percezione.

D: Non c'era risentimento?

A: No. E per qualche ragione quel pensiero che mi è rimasto in mente, ora lo trovo insolito.

D: Beh.. tutto quanto è insolito. (risata)

A: *Forse è stato sufficiente così, che ciascuna delle persone che sono venute in contatto con lui, abbia conosciuto quel sollievo, quel senso di essere colmato... anche se solo per un po'. E forse aver preso contatto con quella sensazione ha dato loro sufficiente gioia per approcciarsi al prossimo, ed eliminare ogni tipo di risentimento che poteva esserci.*

D: Questo dimostra che tutto ciò che lui faceva era in contrasto con la natura umana.

A: *Sto cercando di paragonare questo con qualsiasi altra regressione che noi due abbiamo fatto. È la stessa cosa, ma questa è molto più coinvolgente ed emozionante, direi. Forse parte di questo resterà con me, credo che ogni regressione mi abbia insegnato qualcosa. Mi sento proprio bene per questa esperienza, perché è molto chiaro per me, voglio dire quest'uomo era reale per me. E ti posso dire che quando guardavo quegli occhi – lo sento ancora - ero completamente colmata. Non ho mai conosciuto quella sensazione prima, essere così pieni di contentezza e amore. C'era sempre stato questo piccolo spazio vuoto, ed era sparito.*

D: È sparito anche ora?

A: *È sparito quando stavamo lavorando, non è sparito in questa vita. Ma... c'è sempre stato quell'insistente spazio vuoto. Quando ero con lui e guardavo i suoi occhi, era la sensazione emotiva più completa che io abbia mai avuto.*

Sebbene Anna lo esprimesse diversamente, lei stava descrivendo sostanzialmente la stessa emozione che aveva sentito Mary. Apparentemente questo era l'effetto meraviglioso che Gesù aveva sulle persone.

A: *Quando sono in regressione. È così naturale essere lì, ma poi quando sono sveglia sarebbe l'ultima cosa a cui penserei. Mi sento molto commossa, ma è purificante, voglio dire mi sento così rilassata*

D: Sicuramente non si può domandare una sensazione migliore.

Questo fu un punto importante che venne fuori in questa sessione: il fatto che Gesù non guariva ogni persona che incontrava. Questo concetto venne presentato anche in Gesù e gli Esseni. Lui era in grado di alleviare il dolore e la sofferenza nella maggior parte di coloro che venivano in contatto con lui, ma totale alleviamento dei sintomi e completa guarigione dalla malattia o disabilità erano rari. Ci furono molte volte in cui nessuna cura veniva ricevuta, e Naomi spiegò chiaramente che questo non era nelle mani di Gesù. Era collegato al karma e al destino nella vita della persona. Persino lui non poteva andare contro le forze superiori che controllavano queste cose.

CAPITOLO VIII
IL VILLAGGIO SUL MARE DI
GALILEA.

La settimana seguente, quando incominciammo la sessione, portai indietro Anna (come Naomi) al tempo in cui lei viaggiava con Gesù.

D: Ritorniamo al tempo in cui con il Nazareno ed il resto del gruppo hai lasciato il villaggio dei lebbrosi, il primo viaggio che hai fatto con lui. Stavate andando in un altro villaggio dove hai detto che lui avrebbe incontrato alcuni di suoi seguaci. Conterò fino a tre e saremo là. 1... 2... 3... stiamo arrivando al secondo villaggio durante tuoi viaggi con il Nazareno. Cosa state facendo?

A: *Stiamo entrando in un villaggio sul lago. Il lago di Kennaret (pronunciato), ed abbiamo un incontro con i seguaci, i credenti in questo stile di vita, che seguono questi insegnamenti. La nostra permanenza qui, da quel che capisco, è principalmente allo scopo di diffondere il messaggio e per rinforzare il nostro gruppo.*

Scrissi il nome del lago così come era pronunciato. Più tardi, quando ebbi la possibilità di guardare su una cartina sul retro della mia Bibbia, trovai il Lago di Kinnereth, chiamato anche mare di Gennasaret o Chinnereth, una rispondenza maggiore al mio spelling. Pensai che questo fosse rilevante. È il nome ebraico per il Mare di Galilea. Non avevo mai conosciuto questo lago con un altro nome. Scoprii nella mia ricerca che in Ebraico e in Aramaico la parola "yam" può significare sia mare che lago, e che la traduzione greca della Bibbia la ricalca.

Anna aveva avuto dei dubbi in merito alla validità dello strano materiale che proveniva dal suo subconscio durante le sessioni.

Dopo aver fatto la scoperta glielo dissi e anche lei non riconobbe il nome Kinnereth. Le precisai che era l'antico nome del Mare di Galilea. Lei mi chiese con espressione seria, "Cos'è il Mare di Galilea?" Questo era completamente inaspettato. Rimasi un attimo ammutolita perché capii l'importanza della domanda. Ogni Cristiano conosce questo luogo biblico perché è associato alla vita di Gesù. Questo dimostrava oltre ogni dubbio che Anna non aveva la benché minima conoscenza della vita di Gesù o del Nuovo Testamento. Quando glielo spiegai, si sentì meglio perché sembrava avvalorare la prova che aveva bisogno, ovvero che questa informazione non proveniva della sua mente.

D: La maggior parte delle persone in questa cittadina sono credenti o dovete essere in segreto anche qua?

A: *C'è un bel gruppo qua, dobbiamo agire in maniera tranquilla ma ci sentiamo al sicuro. Questa è una cittadina più piccola e sembra che le persone che vivono qui abbiano le stesse idee. Perciò ci sentiamo al sicuro.*

D: Dunque non c'è molto pericolo nell'incontrarsi apertamente?

A: *No, perché sembra che ci sia una comprensione condivisa. In apparenza è solo una piccola cittadina, ma essi sono molto prudenti con gli insegnamenti.*

D: Qualcuno ti ha detto come si chiama la cittadina, ha un nome?

A: *Questo è il villaggio sul Lago di Kinnereth*

D: È tutto ciò che sai? C'è un posto in particolare nel villaggio dove state andando?

A: *Sì. C'è una zona vicino al lago. Prima andremo lì e ci purificheremo nel lago. La purificazione è necessaria sia per il corpo che per lo spirito. Su una parte della spiaggia ci sono piccoli scogli. E all'interno di questi scogli ci sono spazi di incontro. Non sono conosciuti a tutti, poiché hanno ingressi nascosti. Qui è dove si svolgeranno i nostri incontri, ma sembra che rimarremo sulle rive del lago.*

In seguito, feci ricerche su questa zona vicino al mare di Galilea. Ci sono molti posti dove le montagne e le formazioni rocciose scendono praticamente fino al bordo del lago. Questo fu specialmente vero per Magdala (la casa di Maria Maddalena) dove la strada costiera si avvolge lungo un ripido pendio di montagna. Nella zona di Arbeel, al tempo di Cristo, ci furono luoghi storici usati come nascondiglio da criminali o rifugiati politici. Alcune di queste erano caverne naturali che furono poi allargate per essere usati come nascondigli, ed alcune erano così alte sulle rocce che erano potenzialmente impossibili da scoprire da parte dei soldati.

Durante il tempo di Cristo, la Galilea era una delle zone agricole più fertili della terra. Fino al 680 d.c. la zona del Mare di Galilea possedeva grandi foreste. Ma gli alberi da frutto decantati dallo storico Josephus si sono ora ridotti a tristi rimasugli di quelli antichi. Le foreste sono, per la maggior parte, scomparse e sono state sostituite da condizioni desertiche in molti luoghi. Ai tempi di Gesù, la valle aveva un cupo clima caldo attorno al lago, perché le brezze marine erano interrotte dalle montagne. In inverno le colline e le spiagge erano verdi, ma nelle lunghe estati una deprimente aridità si diffondeva su tutto quanto.

È stato dimostrato che la gente può fare il viaggio a piedi da Gerusalemme al Mare di Galilea in tre giorni. La valle era evitata durante l'estate per via dell'eccessivo caldo. I viaggi si facevano normalmente in inverno e all'inizio della primavera quando il clima era tiepido ed era possibile dormire all'aperto. In tutte le stagioni la valle del fiume Giordano poteva essere una rotta opportuna a chi desiderava non essere visto nelle città, per paura del governo o per altre ragioni.

La Bibbia sostiene che Canaa, in Galilea, era uno dei luoghi preferiti da Gesù. Gli storici pensano che Canaa andasse bene come centro per chiunque desiderasse organizzare una ribellione ma avesse nemici potenti nelle città più grandi, perciò non poteva diventare luogo di residenza permanente. Questa sarebbe stata un'altra motivazione del peregrinare di Gesù. Era pericoloso rimanere a lungo da qualche parte a meno che lui non sapesse per certo che era al sicuro.

I racconti delle sue imprese velocemente si diffusero fuori dalla Galilea a tutta la Palestina. Fu dato per scontato che la Galilea aveva stretti collegamenti con tutta la Palestina, cosicché le informazioni riguardo Gesù velocemente raggiunsero tutti gli angoli del paese. Quindi coloro che erano al potere a Gerusalemme furono informati di queste attività sovversive, ma non sentirono il bisogno di fermarlo finché lui rimaneva lontano dalle città più grandi. O almeno fino a che non diventasse evidente che lui stesse ispirando una ribellione.

Le ricerche rivelarono che c'erano letteralmente centinaia di piccole cittadine e villaggi in questa zona che non furono registrate dalla storia – o per lo meno la loro citazione non è stata tramandata a noi. Esistevano molte grandi città all'epoca di Cristo che non furono mai citate nella Bibbia, perciò non dovrebbe sorprendere che le più piccole siano scomparse dalle registrazioni. Io credo che questa descrizione della Valle del Giordano e del Mare di Galilea combaci precisamente con i luoghi descritti da Naomi.

D: Pensavo che andassi a casa di qualcuno.

A: *Penso che per sicurezza abbiano preferito fare in questo modo. Vedi, quando tu hai solo un gruppetto di persone si può fare. Ma qui c'è un gruppo grande.*

D: Credo tu mi abbia detto che Giovanni va avanti ed organizza il tutto.

A: *Sì, io credo che quando si spostano, abbiano una chiara idea di dove il viaggio li porterà. Potrebbero deviare dal percorso di tanto in tanto a seconda dell'importanza. Ma Giovanni solitamente prepara le cose, quindi nel limite del possibile va tutto liscio e sicuro.*

D: Quindi avete intenzione di incontrarvi in uno degli spazi di questa scogliera. Quando ci sarà la riunione?

A: *Sembra che la riunione avrà luogo domattina presto. Ci rilasseremo questa sera e ci incontreremo all'alba.*

D: Avete problemi a rifornirvi di cibo per mangiare?

A: *No, ci viene fornito e noi trasportiamo certe provviste con noi. Cerchiamo di non essere di peso a nessuno. Accettiamo qualunque regalo desiderino darci, sotto forma di cibo e riparo, ma possiamo essere autonomi.*

D: Allora spostiamoci avanti al mattino quando si deve svolgere l'incontro e dimmi cosa accade.

A: *Siamo condotti in una stanza. Hanno coperto l'ingresso di uno degli scogli con alcune pietre e alberi. Hanno fatto un bel lavoro. Vedo che questo scoglio si apre. Ci sono tappetini di paglia sul pavimento e candele accese, dei tavoli e panche di legno. Il gruppo sembra essere abbastanza folto. Circa quaranta persone è quello che riesco a vedere. E questo è positivo. Vedo un gruppo di uomini e donne.*

D: Questa stanza riesce a contenere tutti senza che essere affollata?

A: *Sì... è grande. L'ingresso può ingannare... ma quando entri la camera è grande. L'hanno chiusa, hanno appoggiato contro diversi materiali per far sì che sia sicura. Sembra esserci un piccolo corridoio e forse qualche altra piccola stanza laterale.*

D: È come una specie di caverna naturale o...?

A: Sì, sembra che abbiano rimosso della terra. E c'era una... stanza naturale lì. E poi un piccolo sentiero e sembra che ci potrebbero essere altri spazi in fondo.

D: Probabilmente non ci sono finestre ma ci sono delle candele.

A: Giusto.

D: E ci sono tutte le persone che sono venute ad ascoltarlo. Mi puoi dire cosa accade? Hanno qualche tipo di cerimonia o procedura che devono fare?

A: La persona che è responsabile dell'incontro mostra molta preoccupazione per il benessere del Nazareno. Perché stanno ricevendo commenti dai messaggeri che i suoi insegnamenti si diffondono in lungo e in largo. E il governo si sta preoccupando.

D: A loro non piace la sua popolarità?

A: Sì. A loro non piace l'idea che le persone possano pensare da sole e scegliere il proprio percorso. Ci sono persone alle quali lui non piace, sia nel Tempio che al governo. Quindi questo gruppo sta parlando della propria preoccupazione e di come portare avanti il suo operato. Ma lui si alza e parla e dice che non devono temere, poiché lui percorre il suo cammino guidato da Dio, il suo sentiero del cuore. E lui non teme nulla. L'unica paura che lui potrebbe avere è che non possa essere in grado nella sua vita di insegnare e toccare tutte le persone che ne hanno bisogno.

Questo fu detto lentamente con interruzioni, come se sentisse le sue parole e me le ripetesse in frasi separate.

D: Quindi lui non teme le dicerie o le persone che sono contro di lui?

A: No. Non farà alcuna differenza in ciò che lui fa della sua vita, perché lui sa che cammina con Dio. E Dio cresce da dentro. Quella luce eterna non è solo nel Tempio, ma la luce eterna è nel cuore. E quella fiamma eterna non muore mai, anche se lasci il corpo fisico. Quindi continuerà a camminare e ad insegnare ciò che crede giusto. Lui insegnerà ciò che lui crede sia la sua ragione di esistere.

Il riferimento alla luce eterna, era la luce che non si estingueva mai ed era collocata nel cortile più interno del Tempio.

D: Volevano metterlo in guardia in ogni caso?

A: *Sì. Sembra che le tensioni stiano salendo e sentiamo queste dicerie di tanto in tanto. Poi le cose si calmano per un po'. E sai il governo è molto volubile. Se si preoccupano troppo, penseranno ad una nuova tassa.*

D: (Ridendo). Questa è la loro risposta.

A: *Sì. È il loro modo di ferire e manipolare. Se accade qualcosa di speciale o se è stata vinta una battaglia, si preoccuperanno. Le cose si attenuano se l'attenzione è su qualcos'altro.*

D: E i sacerdoti vanno di pari passo con ciò che dice il governo?

A: *I sacerdoti? I sacerdoti e i rabbini si differenziano. I sacerdoti romani, sì. I rabbini fanno ciò che devono fare per sopravvivere ma non sono né per il governo né per il Nazareno. Quindi...*

D: (Risata). Sono diciamo nel mezzo. Probabilmente pensano che sia il posto più sicuro dove stare. Bene, ci sono altri preparativi o lui sta per parlare?

A: *Sta parlando ora. E... sta parlando dal cuore. Si dilungherà ancora un po' qui e questo villaggio sembra essere un punto di contatto. Sembrano esserci molti seguaci qui che riceveranno i loro incarichi e si dirigeranno per i loro cammini. Quindi questo è un porto sicuro, tranquillo, un punto di comunicazione, e poi si esce di nuovo. Questo gruppo sembra essere in grado di diffondere i suoi insegnamenti, si possono anche infiltrare in altre aree ed essere accettati come Romani o ciò che hanno bisogno di sembrare allo scopo di proteggere il loro maestro.*

D: Quindi queste sono persone che conoscono i suoi insegnamenti, così lui non dovrà spiegare molto a loro.

A: *Giusto. Questi sono seguaci, seguaci coscienziosi.*

D: Quindi per lo più ciò che lui sta dicendo loro sono le cose che lui vuole che loro facciano?

A: *Sì. Ma hanno anche tempo per la preghiera, per comunicare e le lezioni non sono mai finite. Loro interagiscono in questo modo.*

D: Mi domandavo se c'era qualcosa che lui ha detto loro che tu non sapevi già?

A: *Oh, no. Io credo che lui li stia rassicurando che non devono avere paura. Qualunque cosa accada, è parte del suo motivo di esistere. E qualunque cosa accada nella sua vita o a lui, c'è una lezione da imparare che va ben oltre le apparenze. Sta anche cercando di ricordare loro di trovare la forza nel loro*

Dio interiore, di guardare attraverso il cuore, e di essere di
aiuto al prossimo.

D: Come è vestito mentre sta facendo questo viaggio?

A: Le solite tuniche.

D: Qualche colore in particolare?

A: Oh, i colori sono semplici. Principalmente marroncino. Ogni
tanto c'è questa striscia anche sul bordo dell'indumento, sul
cappuccio, sulle maniche e sull' orlo. Ma altrimenti è molto
semplice.

D: Quindi più o meno è vestito come voi?

A: Oh, sì.

D: Ma si stanno incontrando tutti oggi per decidere cosa faranno e
per prendere le istruzioni, per così dire.

A: Sì. E per aggiornarlo del progresso che si sta facendo. Tutto
qui.

D: Che tipo di progresso è stato fatto? qualcosa in particolare?

A: Sembra che viaggino in piccoli gruppi. E se sentono di un posto
dove potrebbe esserci interesse per gli insegnamenti, loro
vanno a cercare la zona. O se c'è qualcuno bisognoso di
aiuto, o che ha subito ingiustizia, loro vanno lì. Trovano il
modo di usare i sotterranei o di aiutare le persone in ciò che
hanno bisogno.

D: Quindi fanno di più del semplice diffondere gli insegnamenti?

A: Si. Perché uno degli insegnamenti principali è di amare il tuo
prossimo e di trattarlo come tu vorresti essere trattato. C'è un
cattivo uso di questa pratica.

Era ovvio che Gesù aveva insegnato ai suoi seguaci a svolgere dei
servizi pratici per le persone, così come pure diffondere i suoi
insegnamenti. Questo punto fu evidenziato anche in Gesù e gli
Esseni- cioè che, contrariamente alla versione biblica, lui
incoraggiava i suoi seguaci a lasciarlo e a proseguire da soli. Di
non aspettare ad agire dopo la sua morte. Lui faceva così in
maniera tale che loro non fossero dipendenti da lui.

D: Lui ha intenzione di rimanere nel villaggio ancora un po'?

A: Penso che vorrebbe soffermarsi ancora una notte, ma sento che
dovremo partire, quindi usciremo dal villaggio presto

D: Quindi non c'è nient'altro di importante che è successo in quel
villaggio?

A: No, solo che bisogna capire che devono diffondere gli
insegnamenti. Sembra che loro escano per fare quello, ma ci
sono altre cose che loro fanno. Possono usare quello o altre

cose come copertura per tutto ciò che necessita di essere fatto,
ma vivono sempre secondo gli insegnamenti.
D: Sai dove lui andrà in seguito?
A: Sembra che ci sia un'altra cittadina. Mi hanno detto... di nome
Giberon? (pronunciato)

Il *Dizionario Biblico* elenca due posti che si pronunciano
similmente: Gibeah, una città nelle colline della Giudea, e Gibeon,
una città imperiale dei Canaaniti. Sembrerebbe che Gibeah si
adatti più precisamente alla descrizione della zona che stavano
attraversando.

A: Sembra che ci siano più seguaci là, eppure stanno solo
iniziando il loro percorso. Sembra che dovunque lui vada
cerchi di fare tutto ciò che queste persone hanno bisogno, sia
con la guarigione che con gli insegnamenti
D: E sarebbe corretto dire che quelli al villaggio vicino al lago
erano i seguaci più avanzati?
A: Sì. Ma anche là, lui c'è per essere di servizio, e per aiutare gli
individui che lo vanno a cercare. Ma sembra che nulla di
nuovo sia uscito in questa riunione, penso che loro ora stiano
agendo molto bene. Penso che non ci sia alcun scompiglio o
sofferenza.
D: Quindi tutto sta andando come dovrebbe in quel villaggio. E
nel prossimo villaggio dovrebbero esserci seguaci che stanno
più o meno iniziando il percorso e non sono così sicuri di se
stessi. Corretto?
A: Sì. E questo villaggio sembra essere abbastanza grande. Io
credo che si potrebbe chiamare questo villaggio del Lago
Kinnereth, una piccola colonia. E questo posto dove andiamo
è più grande.
D: Ci vorrà molto per andare li?
A: Lui ha detto che dovremmo farcela entro sera. Oppure presto
il mattino seguente.
D: Quindi non è molto distante. Giovanni ha organizzato tutto
quanto anche in questo villaggio?
A: Penso lo abbia fatto, sì
D: Quindi Giovanni vi precede e tu non lo vedi finché non arrivate,
o come funziona?
A: Questo è ciò che accade qualche volta, anzi direi solitamente.
Ma ci sono altre volte che lui torna indietro per farci deviare
da qualche altra parte, o ci dice se ci sono dei cambiamenti.
D: Quindi lui effettivamente vi precede ed organizza tutto

A: *Sì, e poi lo vediamo di nuovo quando arriviamo là.*

D: Spostiamoci in avanti quando tu arrivi al prossimo villaggio e mi dici cosa succede. Hai detto che era un villaggio più grande?

A: *Sì. Vedo un pozzo al centro di una grande piazza. E c'è un'ampia zona dove le persone vanno a prendere l'acqua. Quindi questo villaggio è più simile ad una cittadina, con un piccolo centro ed edifici bassi. (Pausa) Mi è stato detto che potrei trascorrere del tempo qui, così posso essere di servizio ed imparare. Sembra che lavorerò con qualcuno che è stato in viaggio con lui prima, ma ora è, come dire, stabile in questo villaggio, credo si dica così. E quindi sarò in una posizione di apprendimento qui, per aiutare a passare gli insegnamenti e occuparmi di coloro che ne hanno bisogno. Devo essere di assistenza.*

D: E lui andrà da un'altra parte mentre tu sei lì?

A: *Sì. Lui ritornerà per me. E poi sembra che si dirigerà nuovamente verso Gerusalemme.*

D: Qualcun altro del tuo gruppo starà lì con te?

A: *Non dove starò io. Io penso che ogni tanto, a seconda di ciò che una cittadina o villaggio ha bisogno, lui possa lasciare alcuni dei suoi seguaci per assumere determinati ruoli. Qualche volta stanno lì per un breve periodo di tempo, e qualche volta finiscono per rimanere. Quindi penso da ciò che intuisco che in questo villaggio ci sia qualcuno dei suoi precedenti seguaci. Forse stanno lavorando con diverse capacità sia negli insegnamenti che nella guarigione o semplicemente rimanendo lì per chiunque abbia bisogno.*

D: Come ti senti per il fatto che ti lascia lì?

A: *Mi sento pronta per rimanere per un po' in un luogo. Se lui dice che questo è il posto dove devo stare, così posso imparare e servire, allora mi sembra giusto rimanere qui. Io sono così viva e piena di ciò che lui mi ha permesso di fare e imparare da lui, che è naturale che ciò avvenga.*

D: È successo qualcos'altro prima che lui partisse?

A: *Sta parlando con alcuni uomini del villaggio. Stanno stabilendo i diversi posti dove deve andare e lo aiutano a visitare coloro che hanno più bisogno di lui. Poi faranno una riunione in serata. Vedi, molte persone che praticano i suoi insegnamenti e i suoi seguaci sono riusciti a costruire delle stanze di riunione sotto le loro case, così non possono essere scoperti.*

D: Quindi parlerà a questi seguaci che sono meno esperti

A: Si. Rispondendo alle domande, e solitamente è lì che si applicano i suoi insegnamenti. Oppure se si sente significativamente mosso da qualcosa in particolare, allora parlerà di un argomento in particolare.

D: Allora vuoi spostarti avanti alla sera della riunione e dirmi cosa succede?

A: Mi hanno presentato alla persona con cui lavorerò. Il suo nome è Ahbram (pronunciato con l' h molto aspirata). Starò a casa sua e imparerò altri insegnamenti, ma sarò di supporto per qualunque cosa lui creda che io debba fare. Una pluralità di cose, sia lavorare con i malati o con le persone anziane o con gli orfani, o semplicemente insegnare.

D: Ti ha presentato come Naomi o Nathaniel?

A: (Sorriso imbarazzato) Ahbram... oh io so che questo è difficile. Vedi, sono ad un punto ora che mi sento quasi sciocca nel fare ciò. Io penso alla mia sicurezza, lui mi chiama Nathaniel. Ma so che ha detto ad Ahbram che io sono Naomi. Quindi penso ci sarà presto un cambiamento dove non avrò più bisogno di questo tipo di copertura. Mi sento a mio agio nel vedere più donne in questa piccola colonia. E quindi in questo villaggio posso essere al sicuro ed essere ciò che sono. Ed io sto crescendo e diventando grande e non ho più l'aspetto da ragazzo. Quindi penso che cambierò.

Era ovvio che era passato più tempo di quanto pensassi. Lei poteva aver condensato settimane e mesi nel racconto, specialmente se erano tutti simili. Naomi stava maturando e prendendo le caratteristiche fisiche di una giovane donna.

D: Quindi questo viaggio è durato più di qualche settimana giusto?

A: Pensavo sarebbe stato qualche settimana. È cambiato. I nostri viaggi cambiano a seconda della necessità e a seconda di ciò che Giovanni trova. Quindi è passato un po' di tempo, e credo questo sia il motivo per cui mi sento pronta a rimanere in un luogo e mi venga data una responsabilità. Sono tra i tredici e i quattordici anni e sento che sto cambiando il mio corpo. Non potrò sembrare un ragazzo ancora per molto.

D: Non potrai più nasconderlo.

A: No. Lui probabilmente sapeva che avrei dovuto riemergere per quello che ero, quindi questo non è solo un luogo per imparare, ma un posto sicuro per fare la mia trasformazione.

D: Sì. Poi ogni volta che lui tornerà e viaggerai ancora, sarà in veste di ragazza.

A: *Allora sarà sicuro ed io starò bene. Ci saranno probabilmente più donne e sarà più accettabile*

D: È stata una sorpresa vedere più donne in quell'altro posto?

A: *Sì. Io penso che chiunque può essere accettato se è sincero e dice la verità, ma tradizionalmente la maggior parte delle donne vengono cresciute come mia madre. Sembra che ce ne siano alcune che sentono fortemente il loro percorso come io sento il mio.*

D: Sì. Alla maggior parte delle donne non viene insegnato nulla, vero?

A: *È molto raro, molto raro.*

D: Ecco perché sarebbe una sorpresa trovare così tante donne. Suppongo che al Nazareno non importi, vero?

A: *Oh, lui abbraccia tutti, poiché lui vede in maniera diversa. Lui vede attraverso le persone. Quando tu vivi attraverso il tuo cuore sei molto più consapevole di altre cose e non è importante se sei un maschio. Sei importante come chiunque altro. Non è per il tipo di corpo in cui sei. L'importante è ciò che è l'essenza che brilla attraverso quel corpo.*

D: Capisco. Faranno una riunione in una di quelle stanze sotterranee?

A: *Sì. Lui sta dando il benvenuto a tutti. Io penso che stasera cercherà di far capire che lui sta camminando sulla Terra, così come facciamo noi, in un corpo di carne. E ciò che lui è, e può fare, tutti noi lo siamo e lo possiamo fare. È solo che dobbiamo aprire il nostro sé interiore ad una consapevolezza e riconoscerlo. E lui crede che una volta che rinasci vivendo attraverso il cuore e conoscendo che c'è Dio in te, che sei collegato a questo Dio che comprende tutto, allora troverai più comprensione. E saprai che puoi guarire te stesso e gli altri, sia che si tratti di emozioni o altro. Lui dice che saprai che le possibilità esistono per tutti noi.*

D: Suppongo che le persone credano che lui sia l'unico a fare queste cose?

A: *Tutte le volte che glielo domandano, lui fa del suo meglio per far capire alle persone che non è così, lui è fatto come loro. L'unica differenza è che lui è giunto alla consapevolezza delle sue possibilità umane, e non ci sono altre differenze. Lui si veste come un uomo comune. Non vuole nulla di speciale. Lui vuole che la gente sappia che non c'è veramente differenza, e che le leggi di Dio fanno di ciascuno, uno. L'unica cosa importante è vivere attraverso il cuore, servire e prendersi cura uno dell'altro.*

D: Ma ovviamente lui ha avuto anche un percorso di formazione che gli ha permesso di essere più consapevole, vero?

A: *Sì, ma attraverso questa formazione si è reso conto che tutto non dovrebbe essere mantenuto così segreto, così non fruibile dalla persona comune. Lui crede che questo non sia giusto. Lui crede che l'amore e le leggi di Dio siano per tutti, quindi questo è ciò che lui sta provando a diffondere. Suppongo stia solo esponendo ciò che ha appreso, in modo da poterlo insegnare alla gente comune.*

D: Si, perché molti di loro pensano che questi insegnamenti siano solo per poche persone e non per tutti.

A: *Questo ha creato turbolenza in altri livelli della società. Queste persone temono che il loro potere, la loro considerazione venga portata via. Perché se la persona media crede di poter pensare da sola e di poter fare il proprio percorso ed essere buona e virtuosa, questo sminuirà il loro potere.*

D: Quindi pensi che alcuni dei sacerdoti conoscano alcune di queste cose, ma le trattino come conoscenza sacra?

A: *Penso che sia proprio così. Non so come loro lo interpretano. Tutti potrebbero avere accesso alla conoscenza, ma è l'adeguata interpretazione che è importante.*

D: Ecco perché loro non approvano ciò che lui fa. È come rivelare il loro segreto a tutti. Loro probabilmente pensano che l'uomo comune non sia degno di conoscere molte di queste cose.

A: *Ecco perché lui ti riempie di così tanto amore e contentezza, perché cerca con tutte le forze di passare il messaggio che siamo tutti simili. Siamo qui per servire l'un l'altro. Dovremmo trattare il prossimo come vorremmo essere trattati ed esserci quando qualcuno ha veramente bisogno.*

D: Qualche persona fa delle domande?

A: *Qualcuno chiede allora, se diffondendo i suoi insegnamenti e sentendo che questo è per tutti, come è possibile proteggere se stessi? Come possono davvero fare ciò? È difficile arrivare al punto di dissipare la paura.*

D: Sì, è un'emozione molto umana. Che cosa ha detto lui?

A: *Ha parlato della pazienza e del sapere che se tu non cammini nella paura, allora la luce eterna dentro di te crescerà sempre più brillante, e tutti quei legami di paura saranno sciolti. Ma noi tutti dobbiamo fare questa scoperta da soli. E la persona saggia procederà con attenzione e non avrà paura della verità e di esporsi.*

D: Ma questa è una paura reale perché c'è del pericolo in ciò che stanno facendo.

A: *Sì. Ma se tu procedi con cautela e sai che queste informazioni ti vengono richieste, allora le parole lentamente penetrano. Una volta che tu vedi quella piccola luminosità non hai nemmeno bisogno di parole per sapere che i cambiamenti stanno accadendo. È come se le persone vengano da te e ti pongano domande. E nelle domande tu saprai se sei utile a qualcuno. Quello in sé è parte della comunicazione non verbale, che mostra alle persone che ti prendi cura di loro. L' essere premurosi e l'essere di aiuto e non chiedere nulla in cambio.*

D: Riesco a capire perché loro abbiano paura. Qualcun altro ha fatto domande?

A: *Un uomo ha detto che era difficile per lui capire come Gesù poteva essere al suo pari. Ma Gesù si avvicina alla persona e gli fa sentire le sue mani e il suo corpo per fargli capire che lui è di carne e che se il desiderio e l'intenzione sono lì (sorride) ...Oh è bellissimo da guardare, perché vedi l'amore che traspare attraverso il suo volto verso quest'altra persona. È come se l'altra persona rimanga incantata, e non c'è bisogno di parole. Il Nazareno fa capire che non ha importanza quale sia stato il proprio passato, se tu arrivi a questi sentimenti e rivelazioni, in qualsiasi momento della tua vita, allora va tutto bene. Va bene perché è il momento che è di maggiore valore.*

D: L'uomo probabilmente voleva dire, come poteva essere al suo pari quando Gesù poteva fare tutte quelle cose meravigliose?

A: *E le cose che fa il Nazareno, gli fa sapere che anche lui le può fare.*

D: Questo è ciò che è difficile da credere. Il Nazareno ha insegnato a queste persone o alle persone nel tuo gruppo come fare le guarigioni?

A: *In parte, ma è un processo molto lento e cauto, perché uno deve prima guarire se stesso. Se ad uno viene dato troppo, allora non funziona nella maniera sperata. Così molta conoscenza verrà confusa. Tornerà indietro o sarà bloccata. Quindi bisogna stare molto attenti e fare passare a loro ciò per cui sono pronti.*

D: Sì. Se tu dai troppo non capiranno comunque.

A: *Potrebbero sentirsi frustrati. Bisogna imparare anche a non avere aspettative. Bisogna imparare ad avere fede. Non può essere tutto tradotto in parole.*

D: Sì, questo è vero. Quando lui dice che bisogna guarire se stessi prima, mi domando cosa voglia dire.

A: Lui intende dire che devi arrivare alla consapevolezza che sei questo essere di perfezione. Tu sei l'essenza di questo Dio amorevole. È difficile da spiegare ma è un sentimento onnicomprensivo di calore e amore e conoscenza che è giusto per te... tu sei perfetto come sei. Attraverso l'accettazione di questo tipo di comprensione e amore, allora questo può essere trasferito agli altri.

D: Allora senza questo tipo di amore per se stessi, per così dire, tu non saresti in grado di passare ad altri gli insegnamenti o le guarigioni.

A: Sì, perché le porte si apriranno quando ottieni la tua propria guarigione. Quindi non è un processo veloce... solitamente.

D: Hai mai sentito parlare di ciò che si chiama "parabola". Hai sentito usare quel termine?

A: (Sorridendo). Queste si trovano nella parola scritta, mi è stato detto. Sono storie che hanno due significati, se è quello di cui parli?

D: Credo di si.

A: Sono scritte in un modo che abbiano un significato letterale e poi c'è un significato più profondo, se tu hai la comprensione per vederlo. E quegli altri significati contengono una verità, una verità che è la verità di Dio.

D: Hai detto che erano nelle parole scritte. Vuoi dire nei libri religiosi o cosa?

A: Questo è ciò che io ricordo dagli insegnamenti di mio padre, è la parola scritta dei Libri Sacri che vengono letti nel Tempio. Quindi questo è ciò che mi è venuto in mente quando hai detto la parola "parabola".

D: L'hai mai sentita menzionare collegata al Nazareno?

A: Penso... penso che le abbia usate, specialmente quando parlava ai sacerdoti, ai rabbini e alle cariche governative, o a grandi gruppi di persone. In quei momenti può parlare tramite queste "parabole", semplicemente per essere cauto o mantenere le cose calme. Ma non usa questo tipo di dialogo con i gruppi più piccoli, perché sente quanto sinceramente vogliono lui e quanto le persone vogliono imparare, allora lui parla in modo più vicino e semplice possibile a quello che è il vero significato.

D: Lui non cerca di essere misterioso allora?

A: No. Solo che... questo è difficile da spiegare. Se lui deve insegnare una lezione e qualcuno deve trovare la strada adatta... credo che dipenda da ciò. Vedi, ora sto pensando ad altre volte che l'ho visto parlare. Se lui è in un gruppo grande, o se il gruppo è abbastanza nuovo, allora lui qualche volta parlerà in questo modo allegorico, ma lo fa soltanto perché gli altri possano imparare. E alla visita successiva o alla occasione successiva in cui lui li incontrerà di nuovo, solitamente avranno pensato ad una propria risposta. Quindi credo che a volte sia una strategia di insegnamento.

D: Quindi non gli dice cosa significa. Fa in modo che lo scoprano da soli.

A: Sì, a volte capita così.

D: Pensavo che in alcuni casi poteva usarlo come esempio per chi non riesce a capirlo nell'altro senso.

A: Sì. Penso che sia ciò che stavo cercando di dire. Perché molte volte loro ascoltano, e con la riflessione e col passare del tempo, qualche volta questo fa scattare la loro comprensione attraverso l'apertura delle porte. Perché lo vedranno in un modo e poi all'improvviso questa luce crescerà e loro troveranno chiarezza e comprensione. Quindi è anche uno strumento di apprendimento.

D: Mi domando se qualche volta lui abbia raccontato degli aneddoti per illustrare un punto di vista o facilitarne la comprensione alle persone comuni.

A: Qualche volta, sì.

D: Parla alle persone comuni della strada, o per lo più a questi gruppi?

A: Lui non manda via nessuno. Saluta le persone comuni della strada. Se gli si chiede, risponde. Ma ha una vera percezione, lui sa quando è giusto insegnare e quando è sicuro fare ciò.

D: Era quello che volevo sapere. Se degli estranei si sono mai avvicinati a lui per sapere di cosa si trattava.

A: Lui risponde alle loro domande. Non manda mai via nessuno.

D: Ma la maggior parte delle persone alle quali lui parla sanno quello che lui fa.

A: Sì, perché lui sente che lavorando con queste persone comuni, loro impareranno gli insegnamenti nella maniera migliore e la trasmetteranno. Poiché non puoi imporre questa conoscenza a chiunque. Ecco perché lui fa questi viaggi. Ma come ho detto lui insegna costantemente, perché non manda via nessuno. Lui parlerà anche a quelli della strada. Ma è diverso dall'essere con quelli che lui sa che veramente hanno fame dei suoi insegnamenti e sono pronti, e sentono che anche questo è il loro percorso. Le persone arrivano alla consapevolezza della propria realtà da soli.

D: Queste persone che lui manda in giro – come alla prima cittadina sul lago - per diffondere la parola. Loro vanno dalla gente comune o...?

A: *Queste persone... lui le manda dove c'è bisogno di loro. Non è come se lui fosse un comandante o un generale. Anche queste persone fanno le proprie scelte. Loro sentono la necessità di essere utili. Pertanto fanno i loro viaggi e continuano il suo lavoro, perché lui non può andare dappertutto. Essi cercano a loro modo di sapere dove possono essere utili. Le persone si mettono in contatto. Attraverso i messaggeri, queste persone faranno i viaggi dove loro saranno più utili o necessari.*

D: Ecco quello che cercavo di capire. Loro non vanno in giro a reclutare o cercare nuove persone?

A: *No, perché non è così che succede. Non con costrizione, lui non lavora in quel modo. (Sorridendo) lui non recluta, la parola veicola senza problemi. Sembra che le persone si mettano in contatto l'una con l'altra, e la parola si diffonde.*

D: Questo è il modo in cui viene fatto. Loro lo dicono ai loro amici o a chiunque pensano potrebbe essere interessato.

A: *O a meno che non sentano che qualcuno abbia bisogno. Loro vanno dove nessun altro andrebbe. È un aspetto del servizio.*

D: Bene. Stavo cercando di capire come funzionasse tutto ciò. Accade altro alla riunione di quella sera?

A: *No. Lui principalmente risponde alle domande, parla e cerca di scoprire a chi potrà essere utile nel villaggio.. lui avrà contatto con molte persone domani. Questo è quello che sembra accadere. Penso che quando il suo lavoro al villaggio sarà terminato, si sposterà in un altro villaggio.*

D: Quindi tu ti fermerai a casa di Abram. Sai quanto tempo ci vorrà prima che lui ritorni?

A: *Non sono sicura per quanto riguarda il tempo.. ma potrebbero essere un certo numero di mesi. Io mi sento di dover stare lì ed essere di servizio e contribuire.*

D: Spostiamoci in avanti al momento in cui lui ti lascia lì. È successo qualcosa fuori dall' ordinario mentre lui era in quel villaggio.?

A: *Ha fatto delle guarigioni, ma nulla fuori dall'ordinario (sorride). Erano solo i nostri miracoli quotidiani.*

D: C'erano persone malate nel gruppo, o gli hanno portato delle persone o cosa?

A: Oh, hanno preso accordi affinché visitasse diverse case dove sarà accolto e dove vogliono la sua presenza. Non tutti loro erano alla riunione comunque.

D: C'è stato un tipo particolare di malattia che lui ha guarito?

A: C'era una malattia del... non so come dire, la zona della testa. La donna aveva un forte dolore, come se la morsa di una pinza la attorcigliasse, e c'era del gonfiore. Si vedeva il bozzo sulla testa, e lui l'ha liberata, e lei... è accaduta la stessa scena. La stessa luminosità dorata attorno al suo capo, il suo cuore, le sue mani, e c'era una tale morbidezza nel suo volto. Lei fu in grado di sentirlo subito e c'erano persone là che videro accadere tutto ciò. È difficile da credere ma è un dono di Dio.

D: E il gonfiore è sparito e il dolore cessato?

A: Sì. Lei voleva morire. Chiedeva di morire. Ma non era il suo momento e lui è stato in grado di aiutarla.

D: Sì, quello è un miracolo. Ma come hai detto tu, ne vedi parecchi.

A: (Sorridendo). Poi quelle altre cose... lui visitò tutti quelli che avevano chiesto il suo aiuto e fece un'altra riunione prima di dover partire. E Lui (sorridendo) è passato a fare visita a casa di Abram. E io ...(sospiro profondo) ho così tanto amore per lui. Lui ha messo le sue mani sulla mia testa e sul viso e mi ha detto che ora dovevo essere Naomi e che non avevo nulla da temere. Che avrei sempre camminato con lui, e avrei imparato molte lezioni preziose, e sarei stata di amorevole servizio qui. Mi ha dato un meraviglioso abbraccio e mi ha baciata sulla fronte. (Con tristezza, quasi piangendo). È difficile vederlo partire, ma so che devo stare qua.

D: Ma ritornerà. Questo è importante. Tornerà a prenderti. Potrebbe andare in una zona che è accidentata o difficile da percorrere. Lui pensa al tuo bene.

A: (Tirando su col naso) Sì, può darsi.

D: Perlomeno sai che dove sei starai bene. E farai ciò che lui vuole che tu faccia. E tornerà. Hai detto che tu pensi che andrà di nuovo verso Gerusalemme?

A: Sembra che debba sempre dirigersi verso quella parte alla fine di ogni viaggio. E quindi dopo un pò ritorna a Gerusalemme dalle persone che deve vedere e va anche a trovare la sua famiglia.

D: A Nazaret? potrai andare anche tu con lui?

A: Non so se sarà il momento, ma può darsi.

D: Hai mai sentito qualcuno parlare di un uomo chiamato "Giovanni Battista"?

A: Giovanni …? (Pausa).

D: Questo è un altro Giovanni. Può essere conosciuto con un nome diverso.

A: *Credo… che quest'uomo era al lago. Non so se è sempre con lui. Ma il nome è familiare. C'era un uomo di nome Giovanni quando eravamo al lago e al piccolo villaggio del lago Kinnereth. E quando noi abbiamo fatto l'abluzione nell'acqua… lui ha detto che era per il corpo e per lo spirito. Quindi questo potrebbe essere l'uomo di cui parli.*

D: Costui è stato l'uomo che l'ha fatto?

A: *Sì. Aveva un rituale… un rituale simbolico di purificazione. Ma non era per tutti noi. Per alcuni. Penso che lui fosse chiamato… non so…Giovanni dell'Acqua? Ed era il rituale di purificazione dello spirito.*

D: Che tipo di rituale era?

A: *Penso che fosse un rituale per coloro che avevano ricevuto da tempo gli insegnamenti di Gesù. Consisteva nell'immergersi nell'acqua e una volta che riemergevi, lui diceva una specie di benedizione. Attraverso la purificazione simbolica dello spirito con l'acqua, era un rituale dedicato a Dio e agli insegnamenti.*

D: E questo è un rituale che non è svolto normalmente?

A: *Ne avevo sentito parlare. Ma questa era la prima volta che lo vedevo.*

D: Ci sono altri rituali che il Nazareno fa con il suo gruppo?

A: *(Pausa). Non con un gruppo grande, non con un gruppo nuovo. Ma comunque ha una modalità nel parlare e nella gestualità. Quando ci sediamo in preghiera silenziosa per concentrarci su qualcosa si può vedere e sentire la differenza. Non so se è questo che vuoi dire. Non mi viene in mente altro.*

D: Pensavo che qualche volta nel Tempio hanno dei rituali e delle cerimonie.

A: *Oh, tipo con le candele e i Libri Sacri e le festività? No, credo che il rituale simbolico dell'acqua sia stato uno dei primi. Ma quando vedo parlare il Nazareno, lui cerca solitamente di mantenere un livello dove non ci sia separazione. Quindi se fa qualcosa cerca di rendere la gente partecipe. Non ha rituali, solo la preghiera silenziosa e il modo in cui chiede una guida dalla parte divina del suo essere.*

D: Suppongo che le cerimonie e i rituali lo separerebbero dalla persona normale. Ero curiosa di sapere se faceva delle cose nella maniera dei sacerdoti del Tempio. Ma vedo che non è nulla del genere.

A: *No, lui cerca di tenere i suoi raduni sotto forma di fratellanza, una compagnia dove nessuno è più in alto di un altro. Lui si siede allo stesso livello e cerca di mantenerlo alla pari.*
D: Bene allora. Va bene se ritornerò a parlare con te per seguire questa vicenda? Sono molto interessata a sapere cosa succede.

Naomi mi diede il permesso di ritornare e continuare a seguire la sua storia collegata a Gesù, quindi riportai Anna al suo stato di veglia normale. La sua vita rimise ad adeguarsi alle cose quotidiane, mentre la sua mente conscia non sospettava dell'altra storia che si era svolta così tanti anni prima.

Durante questa sessione ho percepito che, attraverso questo metodo unico di ricerca storica, mi veniva permesso il raro privilegio di partecipare in effetti ad una delle adunanze di Gesù. Mi sentivo come tra coloro che erano presenti e che imparavano dal maestro, e potevo vedere come questi insegnamenti fossero radicalmente diversi dagli insegnamenti ortodossi del suo tempo. È ovvio che ci volle un bel po' di coraggio per i primi credenti nel seguirlo, poiché vi era effettivamente un reale pericolo. Ma fui anche in grado di vedere la carismatica abilità che lui proiettava per placare le loro paure. Fui in grado di percepire la qualità che lui possedeva e che ispirava così tante persone a seguirlo, cosicché potessero imparare di più sui suoi insoliti insegnamenti. Insoliti, sì, ma sembravano riempire un vuoto nelle loro vite che non era colmato dagli insegnamenti tradizionali dei rabbini di quel tempo.

Stavo incominciando a conoscere il vero Gesù

CAPITOLO XIX
UNA VISIONE DELLA MORTE
DI GESÙ

Passarono diversi mesi (da Marzo alla fine di Novembre) prima che potessimo di nuovo seguire la storia di Naomi e il suo collegamento con Gesù. Anna gestisce un Bed & Breakfast nella sua casa e durante la stagione estiva era piena di clienti. Quindi dovemmo sospendere le sessioni fino a dopo questo periodo impegnato, perché non ci sarebbe stata privacy. Quando riuscimmo finalmente ad organizzare una sessione usai la sua parola chiave e ritornammo a quel periodo del tempo passato come se non ci fossero state interruzioni.

L'ultima volta che avevamo parlato a Naomi, lei era stata lasciata in una piccola cittadina ad aspettare il ritorno di Gesù. Io volevo continuare la storia da quel punto. Scoprii che il tempo era passato anche per Naomi.

D: Ritorna a quel tempo quando eri stata lasciata presso un amico, mentre il resto del gruppo continuava i suoi viaggi. Conterò fino a tre e saremo là, 1...2...3... siamo tornati al tempo di Naomi. Cosa stai facendo? Cosa vedi?

A: Vedo che il Nazareno sta tornando al villaggio e io sono piena di gioia. Spero che lui sia contento del mio progresso.

D: Sei stata lì molto?

A: Approssimativamente... tre mesi.

D: Soggiornavi da uno dei suoi amici, vero?

A: Sono stata collocata presso la famiglia che doveva aiutarmi con la mia formazione e insegnarmi le modalità che io stavo ricercando. Quella è la casa di Bendavid. E così tanto è accaduto... (si commosse, quasi piangeva) e...Oh, io sono cambiata così tanto.

D: In che modo? Puoi condividerlo con me?

A: *(Con tristezza) Io ... Io sono sopraffatta dalle emozioni ma, ho imparato molte cose, dalle cose pratiche alla guarigione, e ad essere al servizio per il mio prossimo. Mi è stato insegnato nel modo del Nazareno. Sono anche stata risvegliata e sono giunta molto vicina a conoscere l'amore, che pensavo non dovesse essere per me. Questo non era affatto nei miei progetti.*

D: Era una cosa su cui non contavi.

A: *(Tirando su col naso) No. (Si emozionò a tal punto che quasi non riusciva a parlare). Vedo anche più chiaramente ora. Le emozioni vengono in parte dalla chiarezza, ma anche in parte dal dolore.(Piangeva). Perché se guardo il Nazareno io vedo le stesse radiazioni di luce dorata dal centro del cuore e attorno alla sua testa. Ma io so... che posso vedere più chiaramente il futuro e... (con voce rotta). È difficile parlarne.*

D: Vuoi dire il tuo futuro?

A: *Vedo parte del suo futuro.*

D: Vuoi dire che ti provoca dolore guardare il suo futuro?

A: *Sì, sì.*

D: Ti hanno insegnato la capacità di vedere nel futuro mentre stavi lì?

A: *No. Questo è qualcosa di cui ho sentito che la gente parlava, ma non ho sentito la necessità di dire a nessuno che ho queste visioni. Non le ho molto spesso, ma le ho. Io credo per davvero di vederlo entrare nel villaggio e di vedere la luminosità che vedo. Io vedo nella mia mente gli eventi che accadono. Questo non capita molto spesso, e non ne ho mai parlato. Devo però parlare con il Nazareno, perché so che posso avere la sua fiducia e lui mi ascolterà credendomi. Nella casa di Bendavid io so che mi considerano come un membro della famiglia, ma è ancora troppo presto. Non posso essere abbastanza esplicita per parlare di queste cose.*

D: Sì. Posso capire, pensi di dire al Nazareno quello che vedi?

A: *Sì. Quando sarà il momento appropriato.*

D: Vuoi condividere il tuo pensiero con me ora?

A: *No. Faccio meglio ad aspettare. È che così tanto è successo e fino a che non l'ho visto non mi ero resa conto di quanto ero cambiata o di quante emozioni mi erano entrate negli ultimi tre mesi. Finché ero nella routine quotidiana e imparavo e crescevo e facevo ciò che mi era richiesto di fare, il tempo sembrava passare velocemente. Non avevo effettivamente tempo di sedermi ad osservare. Ma poi è venuto tutto improvvisamente a galla, in superficie, quando vidi il*

142

Nazareno, perché sapevo che ci saremmo seduti e avrei dovuto raccontargli tutto.

D: Forse questo era uno dei motivi per cui lui voleva che ti fermassi qui.

A: Sì. Doveva sapere se sarei stata sicura del mio impegno. Credo mi abbia voluto dare l'opportunità di cambiare se lo avessi scelto, il che sarebbe stato accettato da lui con affetto e comprensione.

D: Hai detto che le persone con cui stai sono amici del Nazareno?

A: Sì. Questo villaggio è composto da persone che credono nei suoi insegnamenti. Loro credono veramente nel servire e nel trattare gli altri come vorremmo essere trattati noi, e nel camminare nella luce di Dio, la nostra Fonte.

D: E dovevano insegnarti queste cose mentre stavi lì?

A: Sì. Dovevo imparare la filosofia, dovevo imparare come prendermi cura delle persone e dei loro bisogni, ed essere di servizio nei modi in cui potevo. Ho trascorso del tempo con gli anziani in questo villaggio. Ho trascorso del tempo con i bambini senza famiglia. Mi hanno insegnato tutte le maniere per poter essere di servizio all'umanità attraverso l'amore e la fratellanza.

D: E queste persone dove hanno appreso questi insegnamenti? Qualcuno ha insegnato a loro?

A: A loro fu insegnato dal Nazareno. Queste persone sono giunte da vari villaggi e cittadine ed hanno creato la loro comunità. Erano coloro che dovevano incontrarsi in luoghi segreti sotto le case, perché non era consentito che seguissero le loro credenze.

D: Quindi sei stata contenta di vivere lì?

A: Sì. Mi sembra di aver raggiunto un traguardo. È difficile trovare le parole, perché le emozioni diventano così irrefrenabili. Sono stata messa alla prova in vari modi. Ma io so che il mio vero servizio, il motivo per essere qui in questo momento, è di imparare il più possibile, e di passare questa conoscenza agli altri ai quali sono di servizio. E che l'amore che ho scoperto deve essere una comunione di insegnamento e di crescita. Questo è tutto ciò che so che può essere possibile.

D: Hai fatto riferimento al fatto che hai trovato l'amore, e questo era qualcosa che non ti aspettavi?

A: Esatto. Ho lasciato la casa dei miei genitori per camminare con il Nazareno. Se ti ricordi quando ero più giovane, mi era permesso farlo perché potevo essere scambiata per un ragazzo. Non ero interessata al matrimonio tradizionale. Trovavo così tanto vuoto nella normalità della vita femminile comune, che i miei genitori ed il Nazareno mi accettarono così per come ero. Furono probabilmente molto sorpresi quando volli persistere. E quando non potei più vestirmi da ragazzo, mi lasciarono in questo villaggio dove sarei stata al sicuro. Qui potevo crescere ed imparare ed essere sicura del mio impegno.

D: Ma hai detto che c'erano altre donne con lui.

A: Sì. E c'erano anche famiglie che percorrevano questa vita di servizio e di verità. C'erano molte donne che si offrivano di lavorare e aiutare a lenire il dolore dei malati quando non c'era nessun altro che camminava con lui. Perciò le donne erano accettate perché avevano conoscenza nel curare, o erano ben informate in campi dove potevano essere di servizio.

D: Mi domandavo come mai non ha voluto portarti con lui una volta che divenne ovvio che eri una donna.

A: Penso sia stato per il collegamento con la mia famiglia... ed ero anche molto giovane, non avevo ancora tredici anni. Ero sicura del percorso che dovevo prendere e ciò credo abbia sorpreso tutti. Ero così determinata su questo punto che avevo intenzione di partire ed andarmene comunque, perché lo sentivo giusto. Dopo la mia comunione con la mia Fonte divina, tutte le risposte alle mie domande erano le stesse, quindi avevo intenzione di farlo. E io credo che fosse insolito per loro trovare un atteggiamento così serio in una persona così giovane e per di più femmina, poiché questa non è la tradizione ebrea... quindi penso che lui sia stato più cauto, soprattutto per la mia giovane età più di tutto, poiché questo non era lo stile di vita comune per una ragazzina in questo ambiente storico-culturale.

D: Lui è molto saggio in queste cose. Mi hai parlato di amore. Vuoi dire che sei stata attratta da un ragazzo?

A: Sì (Sospiro profondo) ... È difficile trovare le parole (di nuovo con tristezza). Ero così sicura che dovevo percorrere questa strada, e che non avrei mai conosciuto l'amore in quel modo, perché ero determinata nel mio scopo di vita, non avevo mai immaginato che un uomo potesse toccarmi ed essere spirituale e gentile e trattarmi alla pari, e tenere veramente a me. Io credo che lui sia diventato caro ai miei occhi perché ero parte dell'ambiente famigliare in cui vivevo. Mi ha aiutato nella mia educazione e mi ha trattato con rispetto alla pari. Il mio affetto per lui è cresciuto sempre più, più dell' amore che si può sentire per un fratello. Non sapevo nemmeno di poter avere sentimenti così forti. E anche lui crede nelle stesse cose in cui credo io. (Quasi in lacrime). Ma non riesco a vedere come questo potrà mai essere.

D: Qual è il nome di questo giovane uomo?

A: Il suo nome è Abram (pronunciato con accento forte sulla prima sillaba).

D: Suo padre è Bendavid?

Avevo scoperto mentre facevo ricerca per Gesù e gli Esseni che "Ben" davanti ad un nome significava "figlio di".

A: Sì, Lui è Abram Bendavid.

D: E lui abita nella stessa casa. Cosa fa di mestiere?

A: Aiuta nel villaggio per tutto ciò che è necessario con riparazioni e costruzioni. È molto erudito in agricoltura e sistemi di irrigazione.

D: Quindi sembra molto intelligente.

A: Sì. Tutti hanno responsabilità materiali, in più è fondamentale la crescita intellettuale e spirituale. Tutti sono incoraggiati ad imparare il più possibile, così da essere materialmente indipendenti e tutti possono servire ad uno scopo ed essere d'aiuto l'uno con l'altro.

D: Abram sente le stesse cose nei tuoi confronti?

A: (Sottovoce) Sì. Ma vuole essere paziente. Accetterà le mie decisioni, perché lui sa quanto nel mio cuore io sia devota. E come, nel tempo, la chiarezza verrà a me e io saprò veramente quale è il mio scopo.

D: Ti ha parlato di matrimonio?

A: Ha parlato di matrimonio...(Si commosse e le lacrime incominciarono a scorrere lungo le guance). Io sento che è impossibile. Perché non posso essere devota ad entrambi, e la cosa mi divide a metà.

D: Forse questo è il motivo per cui il Nazareno voleva che tu ti fermassi lì per un po'. Voleva che tu fossi sicura. Ma forse c'è la maniera di risolvere entrambe le cose. Non si può mai dire. (Cercavo di farla stare meglio).

A: (Profondo sospiro). Non so.

Volevo cambiare argomento perché questo era troppo sensibile per lei.

D: Hai detto che il Nazareno è tornato al villaggio. Gli altri sono con lui?

A: *Sì. C'è un gruppetto con lui.*

D: Quali sono i tuoi programmi?

A: *Farò ciò che lui desidera che io faccia. Non sono sicura se il mio tempo di educazione in questo villaggio è terminato, o se devo fermarmi ancora. So che potrei essere di servizio qui e che sono utile. Ma nel mio cuore sento che dovrei essere più in pellegrinaggio, e magari viaggiare di luogo in luogo, essere di aiuto e diffondere gli insegnamenti che ho imparato. Ma questo spetta al Nazareno dirlo.*

D: Lui conoscerà quelli che sono i progetti più ampi comunque. Avrai del tempo per stare sola con lui?

A: *Si. Questo sarà necessario. (Cominciò di nuovo a piangere).*

D: Hai detto che volevi parlargli a proposito delle visioni che hai avuto. Pensi di farlo nel momento in cui sei da sola con lui? (singhiozzava e piangeva e non rispondeva). Va bene. Spostiamoci in avanti a quel momento in cui hai l'opportunità di parlare con lui in privato, e raccontami cosa succede. Hai avuto del tempo solo per te in sua presenza?

A: *Sì. (Piangeva di nuovo. Non riusciva a parlare)*

D: Cosa succede?

A: *Tante sensazioni. Sento tanta gioia nell'essere di nuovo con lui. E questa sensazione è così talmente intensa che nessun tipo di amore fisico mi potrà mai riempire in questo modo. (Con tristezza). Quindi io so che questo amore spirituale e il fatto essere di servizio è l'unica verità che esiste per me.*

D: Sono due cose opposte in effetti… o diverse comunque.

A: *(In modo triste). Non per me… Non per ciò che io vedo per me. Ma gli dico che quando l'ho visto entrare nel villaggio, ho visto la luce radiosa che vedevo prima. La luminosità dorata attorno al centro del suo cuore e attorno alla sua testa. E gli ho detto che (commuovendosi…) Io sapevo del dolore…. Sento il dolore. Poiché io so che lui ha camminato in amore e verità, cercando di diffondere la luce, cercando di essere un esempio per ciò che l'umanità può essere. E so che gli è stato fatto …del male. Vedo il suo cuore che è strappato. Poiché io vedo… (con voce rotta dal pianto) la sua dipartita fisica. So che lui è venuto qui per essere di servizio (piangeva ed era difficile per lei formare le parole)… ma vedo anche che ci sono molti che non credono. Sono così pieni di paura che…faranno in modo che lui non viva a lungo.*

146

D: Il modo in cui lui deve morire è parte della visione che tu hai visto? È questo che vuoi dire?

A: (Con tristezza). L'ho visto accadere, non so cosa succederà esattamente, ma l'ho visto lasciare il suo corpo fisico. E so che significa che è il suo momento di andare.

D: Vuoi dire che non hai visto come è accaduto? Hai visto solo che morirà?

A: Sì. Perché lui è venuto ed ha perseguito il suo scopo. Lui ha camminato sulla terra e ha diffuso la vera filosofia del genere umano attraverso Dio, l'amore e la luce. Ha provato ad insegnare che siamo tutti fratelli e sorelle. Noi siamo tutti una famiglia, e lui ha fatto tutto quello che poteva. Lui sa che c'è una minoranza che continuerà. Ma il suo tempo per ascendere è vicino. Perché ci sono orecchie sorde e cuori scuri. La sua presenza fisica è priva di significato.

D: Cosa ti ha detto quando gli hai raccontato quello che hai visto? Ti ha creduto?

A: Quando gliel'ho detto (voce interrotta dal pianto) non è stato facile da raccontare (singhiozzando). Mi sentivo confusa perché nessuno mi aveva detto che cose del genere mi sarebbero capitate. (Piangendo) Io non lo sapevo. Non ne avevo il controllo. Avevo difficoltà nel sentirmi così. E avevo bisogno di dirlo a lui, perché io sapevo che questo caro e dolce Nazareno avrebbe capito e mi avrebbe amata, e so di parlare con il cuore e in verità. Lui mi ha accarezzato il volto, e mi ha detto che non dovevo avere paura, perché attraverso il suo amore noi saremmo sempre stati collegati. Mi ha detto che la mia visione era chiara e che non dovevo temere le mie percezioni. Ma di averne rispetto e di vederle molto chiaramente e lentamente in modo da non distorcere la scena, poiché queste sono semplicemente parole di Dio che giungono attraverso i miei occhi. Lui disse che ciò che io vidi sarebbe stata in effetti la sua ascensione, ma che sarebbe stato il suo gradino successivo. E non ha importanza come poteva sembrare, ma lui aveva finito il suo compito sul piano fisico. Non poteva procedere oltre e quei pochi che accettavano la verità della vita avrebbero tollerato la sua scomparsa.. ma c'era così tanta oscurità, e lui diventava necessario ad altri livelli per continuare il suo lavoro.

D: Quindi non fu una sorpresa per lui sapere ciò che avevi visto.

A: No. Lui ascoltò, capì ed accettò ciò che arrivava dal mio cuore. Mi disse di camminare nell'amore e di seguire il sentiero della luce, e di lottare contro la paura. Non dovrebbe esserci paura

*perché la paura crea l'oscurità nell'uomo L'amore e la luce
sono l'unica verità.*

D: (Tutta questa emozione era difficile da gestire anche per me).
Sono contenta che tu glielo abbia detto, così lui sapeva come
ti sentivi. Gli hai detto anche del tuo amore per Abram?

*A: Sì. Ma quando l'ho visto di nuovo, ero così pervasa da tanta
chiarezza e tanta finalità, che sapevo quello che dovevo fare,
persino prima di dire qualcosa. Ma lui ha capito e ha dovuto
permettermi di sperimentare quei sentimenti. Poiché la mia
era una dedizione che sarebbe continuata a crescere purché
avessi accettato le mie prove e fossi stata onesta. Lui disse che
andava bene cambiare il percorso, purché fosse fatto in
amore e verità. Quindi lui aveva bisogno che io sperimentassi
ogni emozione, e se sceglievo di non accettare l'altro
percorso, questo faceva parte della mia iniziazione.*

D: Quindi ti lascia libera di decidere, dipende da te, vero?

*A: Ho preso la mia decisione. Si è formata nel mio cuore e nella
mia mente prima che diventasse parola, da quel primo
momento quando ci siamo incontrati e abbiamo parlato.
Quindi ho preso la mia decisione, e camminerò con lui oppure
mi fermerò in un luogo. Io chiedo solo di essere di servizio,
cosicché anch' io possa ascendere e riaccendere la mia
connessione e crescita per il prossimo livello.*

D: Ti dice quali sono i suoi progetti per te?

*A: Mi è stato detto che dovrei rimanere al villaggio, e che se ho
fede e vera sensibilità allora diventerà molto chiaro dove sarò
necessaria.*

D: Quindi in questo momento non vuole che tu vada con lui?

*A: No. Mi sento molto forte. Sento che la mia decisione è buona,
avevo bisogno del suo consiglio, poiché dovevo ottenere
chiarezza. Avevo bisogno di sapere che le mie visioni e i miei
sentimenti erano di luce e di amore, non di oscurità. Lui mi
ha assicurato che finché io ricerco la verità e sono onesta,
allora la paura e l'oscurità non avranno mai il sopravvento.*

D: Queste sono emozioni importanti, sensazioni molto importanti.
Penso che sia positivo che tu venga a patti con queste cose.
Ma ciò significa che continuerai ad essere in contatto con
Abram.

*A: Sì, ma sarà molto più facile ora, poiché io conosco la mia
missione. So che molto del mio scopo è di continuare ad
imparare, di curare ed alleviare il dolore di coloro che
soffrono. Io ritornerò nel villaggio dei lebbrosi, dei malati,
avrò la forza e sarò in salute. Poiché io so di dover aiutare ad*

alleviare il peso ed il dolore delle persone ammalate e sofferenti. E devo lavorare con gli orfani che hanno necessariamente bisogno del mio amore. Questi sono gli scopi di verità, amore e luce. E sono i miei obiettivi.

D: I seguaci del Nazareno possono intraprendere viaggi da soli?

A: Solitamente andiamo in gruppo. Sarebbe raro per qualcuno viaggiare lontano da solo.

D: Quindi vuoi dire che tu ed altri ritornerete allo stesso villaggio dei lebbrosi… senza il Nazareno?

A: Penso che ci saranno pochi… (la voce s' interruppe e incominciò a piangere) contatti con il Nazareno… che io avrò in questa dimensione fisica. Ma mi ha promesso che ci sarà sempre un collegamento.

D: Quello è una delle cose che lui vuole che tu faccia? continuare a ritornare in quei luoghi, anche senza di lui e portare avanti il lavoro che lui ha cominciato?

A: Non ha detto proprio così. Questo è ciò che sento che sarà il mio compito sul mio cammino, sento che questa è una delle cose che diverranno chiare. E come lui ha detto, io conoscerò il mio percorso e il mio scopo mentre si svolge. Io sento fortemente che sarà così.

D: Hai paura di contrarre la malattia da queste persone?

A: No. Sono già stata lì. Io credo che se tu non vivi nella paura allora ti manterrai sano nella mente, nel corpo e nell'anima. La paura crea le malattie e le sofferenze. Sia che uno ne sia consapevole o meno.

D: Questa è un'idea interessante. È ciò che lui ti ha insegnato, che la paura crea le malattie?

A: Sì. Ci sono state molte occasioni, nel villaggio di mio padre, quando ero più giovane e sgattaiolavo per frequentare le riunioni segrete. E ho acquisito questa conoscenza. Tutto ciò arriva dai suoi insegnamenti.

D: Certo. Noi pensiamo sempre che certe malattie non possono essere evitate. Lui non la pensa così?

A: No. Nel senso comunque che uno deve credere alla Sorgente dentro di sé. Quello è il proprio centro di Dio, il proprio centro del cuore. Se uno vive senza paura, ha attuato una grande protezione di guarigione in tutto l'essere fisico e altri strati di protezione attorno alla persona umana. Se lasci che la paura o l'oscurità entrino nel tuo essere, apri uno spazio che permetterà la crescita delle sofferenze. Uno può controllare qualsiasi malattia della mente e del corpo.

D: Tu pensi che questo sia uno dei modi in cui è in grado di guarire le persone?

A: *Sì. Perché quelle persone che sono venute a lui chiedendo di essere guarite, hanno creato un percorso di guarigione nei loro cuori e nelle loro menti. È proprio il fatto di connettersi con la sua energia, poiché loro hanno già orientato la loro fede alla fiducia. Poi hanno eliminato la paura e l'oscurità che permette a loro di accettare la guarigione. Così anche se il Nazareno ha il potere di guarire, la persona che sta guarendo deve avere dentro di sé il proprio potere per lasciar andare le paure e la malattia dalla carne. O se non è destino che guariscano o continuino la loro vita, troveranno una facile transizione per ascendere in pace e amore, e continueranno nell' esistenza successiva.*

D: Può lui guarire qualcuno che non vuole essere guarito?

A: *Cerco nelle mie memorie (con un risolino) e vedo che lui cura l'uccellino sofferente, l'animale sofferente. Egli è molto consapevole delle persone che non sono sincere e che lo mettono alla prova. Ma le persone che vengono in sincerità, lui le può guarire, a meno che non ci sia qualche motivo che blocca la guarigione. Allora glielo dirà.*

D: È accaduto che persone lo abbiano messo alla prova?

A: *Oh sì. È stato messo alla prova molte volte, in molte occasioni. Persino quando era in riunioni sotterranee, e c'erano infiltrati di tanto in tanto, ma lui ha una tale purezza e sensibilità che queste prove sono una cosa ovvia per lui.*

D: Puoi darmi un esempio di cui sei stata testimone?

A: *C'era un soldato, mi ricordo, a Gerusalemme, che pagò un mendicante per mentire a proposito di una guarigione. Ho visto che il Nazareno riuscì a smascherare l'inganno ed il soldato.*

D: Cosa ci avrebbe guadagnato il soldato da tutto ciò?

A: *Il soldato voleva mettergli la gente contro, coloro che incominciavano ad ascoltarlo. Poiché i Romani si sentivano molto minacciati dalla sua...(non riusciva a trovare la parola).*

D: Capacità?

A: *Capacità, e il popolino cominciava ad ascoltare.*

D: Quindi il soldato pagò il mendicante... per fingere di essere stato guarito o cosa?

A: *Per dire che era stato guarito, ma che l'infezione era tornata. Aveva una ferita infetta. Questo è ciò che ricordo. Lui si alzò davanti alla folla e mostrò la sua ferita purulenta che, disse, era stata guarita da quest'uomo chiamato "Gesù". E questo era ciò che era capitato alla ferita. Ma il Nazareno narrò l'intera vicenda alla folla ed indicò persino il soldato. La folla si girò verso il soldato ed incominciò a tirargli sassi, ma questo infastidì molto il Nazareno. E ci fu un altro episodio dove un cieco fu portato a lui, e Gesù non poté curarlo. Egli fu in grado di additare l'uomo, la gente e le persone che stavano cercando di creare problemi e indicò le ragioni per cui quest'uomo non riacquistava la vista.*

D: Quali erano le motivazioni?

A: C'erano cose che aveva fatto nella sua vita. Gli era stata data la cecità come insegnamento. Gli era stata data la cecità cosicché guardasse dentro sé e curasse l'oscurità e la paura dentro e lasciasse entrare la luce in modo da poter vivere nella verità. Poiché la vista non da un'unica visione chiara. Quest'uomo aveva commesso cose orrende negli anni precedenti e la cecità era insorta durante un incidente. Quindi gli era stata risparmiata la vita. Ma questo uomo che aveva intenzione di far passare il Nazareno per un impostore, fu inondato di tale amore e comprensione che accettò la sua cecità. C'era qualcosa dentro di lui che era guarita, per far sì che accettasse la sua vita e fosse di servizio.

D: Come reagisce la folla quando lui non riesce a guarire qualcuno? Si arrabbiano se lui non riesce sempre a fare queste cose?

A: Se una guarigione non accade, viene data la motivazione. E direi che è così accettabile, che non può essere messa in dubbio, perché è piena di verità. Ma poiché i Romani e gli Ebrei del Tempio vivono nel timore di lui, egli ha deciso di essere di servizio nei vari villaggi dove è accettato, voluto, e c'è bisogno di lui.

D: Quindi cerca di stare lontano da Gerusalemme? È questo che vuoi dire?

A: Sì. Perché impedisce il suo procedere.

D: Lo hai mai visto fare qualcos'altro oltre le guarigioni, che era diverso o fuori dall'ordinario?

Io stavo pensando ad altri miracoli citati nella Bibbia. Lei fece una pausa come se stesse pensando.

D: Oppure se non lo hai visto personalmente, hai sentito dei racconti di cose che lui abbia fatto e che persone comuni non potrebbero fare?

A: Ho visto la luce accendersi dalle sue mani, ho visto guarire le anime delle persone, i loro cuori. Ho visto... l'ho visto sopravvivere a cose alle quali le persone non potrebbero normalmente sopravvivere.

D: Hai qualche esempio di qualcosa del genere?

A: (Profondo respiro) So che è stato preso dai soldati Romani, portato sotto i cortili e torturato. So che è stato messo in un carro non abbastanza grande perché un uomo potesse sopravvivere, ed è stato gettato nel burrone... ed è sopravvissuto. Esito a parlare di questo perché da quei momenti lui è stato protetto nei villaggi. Io l'ho visto sopravvivere a prove fisiche, ma i veri miracoli sono stati nelle guarigioni, nel trovare cibo a sufficienza e nel prendersi cura dei bisogni delle persone.

D: Come mai i soldati gli hanno fatto quello?

A: Stavano cercando dei modi per distruggerlo, perché stava raccogliendo troppo potere. Stava raccogliendo molti seguaci che mettevano in dubbio le leggi dei Romani e l' uguaglianza e la giustizia di vita sotto di loro. Stavano prendendo forza e parlavano di ribellarsi, perché non è così che si tratta il prossimo. Quindi i soldati cercarono di distruggere il Nazareno e far sembrare che l'avessero fatto gli altri.

D: Lo fecero senza autorità?

A: Avevano l' autorità. Avevano l'autorità del loro re (con voce triste). Ma ci riusciranno. Troveranno abbastanza persone buie e ci riusciranno.

D: Ma in quell'occasione, lo hanno arrestato? Hai detto che lo hanno torturato, cosa è successo? (Come se avessi spostato indietro la sua attenzione all'evento. Lei stava pensando a quello che sarebbe capitato in futuro).

A: Oh, sì. Lo presero senza fare scalpore. Sembrò essere un amichevole stratagemma, ma fu una specie di rapimento. Ci sono labirinti e celle sotto i cortili. E lo portarono là, lo minacciarono e torturarono. Pensavano che sarebbe stato sufficiente. Quando scoprirono che non soccombeva, allora iniziarono ad infiltrarsi per le strade, cercando di fare eseguire i loro intendimenti a chiunque trovassero. Ci sono molti che si possono comprare. Molti poveri, seguaci dei Romani, non vedevano l'ora di fare il volere dei soldati.

D: Hai detto che dopo averlo torturato lo hanno messo su di un carretto?

A: Sì, una cassa, un contenitore, e l' hanno fatto rotolare giù per il burrone pensando che questo lo avrebbe ucciso. Ma non fu così. Così ora continuano ad infiltrarsi per le strade e pagano le persone per rovinare la sua reputazione, per farlo sembrare ciò che non è. Poiché ce ne sono molti che possono essere corrotti e tradiscono la propria gente. E naturalmente daranno la colpa alla gente del Tempio. Il Nazareno ha deciso di percorrere la propria strada perché ha capito che quelli all'interno del Tempio erano tanto crudeli e manipolatori quanto quelli dei tribunali Romani, quindi...

D: Pensavo che dopo essere sopravvissuto all'esperienza del burrone, i Romani avrebbero reagito diversamente.

A: *I Romani sono ancora più spaventati perché sanno dei villaggi indipendenti che si stanno formando. I suoi seguaci stanno crescendo. Ogni volta che lui fa una guarigione, ogni volta che succede qualcosa, o una persona che aveva una personalità oscura cambia - come il cieco- questo crea più credenti. Se lui sa che qualcuno tra i Romani ha intenzione di trattarlo male, lui lo affronta.Lui è consapevole di chi vuole imbrogliarlo. Lui è andato – anche se era conscio del rapimento - perché lui pensava di poter sanare l'interno della gerarchia del governo. Quindi ha scelto di permettere al suo corpo fisico di passare attraverso tutto ciò come una lezione su questa Terra.*

D: Quindi lo ha fatto per un motivo allora, perché sapeva cosa sarebbe accaduto. Io pensavo che dopo aver visto che era sopravvissuto, i Romani si sarebbero resi conto che non era un essere umano comune.

A: *Questo fu loro più evidente, ed accelerarono l'azione per le strade. Sapevano che, se non avessero messo le masse contro di lui, non avrebbero potuto mantenere il potere. Pertanto la loro paura aumentò dopo che lui sopravvisse all'evento.*

D: Questo è il motivo per cui lui non vuole tornare subito a Gerusalemme.

A: *Sì, ma ritornerà perché ci sono persone là che hanno bisogno di lui. Lui sa che deve portare avanti il suo piano e la sua missione, quindi ritornerà.*

D: Forse è questo il motivo per cui non ha voluto riportarti a Gerusalemme.

A: *Dopo che gli ho parlato delle mie visioni, e lui me ne ha confermato la veridicità e chiarezza, mi ha detto che non era necessario che camminassi con lui. La mia missione era di stare al villaggio dove ero di aiuto e potevo servire. Potevo crescere qui e poi il mio percorso sarebbe diventato chiaro per me. Ma io so perché lui vuole che io non vada. Non mi*

153

vuole là. Non c'è motivo per andare, perché entrambi sappiamo cosa succederà

D: Pensavo che forse temeva di riportarti in città, perché lo avrebbero cercato.

A: Sì, ma non è necessario per me andare.

Sorprendentemente, in questa sessione Anna fornì parti mancanti della storia che lei consciamente non conosceva nemmeno. Quando Gesù decise di tornare a Gerusalemme la domenica delle Palme, i suoi discepoli temevano per la sua sicurezza, ma la Bibbia non spiega mai il perché. Ora era ovvio perché non volevano che tornasse. Era già stato diverse volte sottoposto alla tortura ed era quasi morto.

Se lui restava nella zona di Nazareth, era al sicuro perché quello era il dominio di Filippo (fratello di Erode Antipa), e lui era al di fuori del potere delle autorità di Gerusalemme. Da Capernaum lui poteva facilmente evitare Erode Antipa. I Romani non mandavano le loro truppe così lontano dalla loro roccaforte in Gerusalemme. Poteva anche trovare, se desiderava, più privacy in quelle città più piccole per sé e per i suoi discepoli. Poteva essere più esplicito nei suoi insegnamenti in quelle comunità, distanti dalle città più grandi. Ma in alcune zone, come le riunioni nelle caverne attorno al Mare di Galilea, lui sapeva che doveva stare più attento, a causa della possibile presenza di spie.

Questo doveva essere stato il compito di Giovanni, quello di parlare con gli organizzatori delle riunioni, di sapere quali zone avrebbero costituito un pericolo, e in quel caso, dei luoghi di riunione segreti dovevano essere organizzati. Gesù non andava in queste zone alla cieca. Riceveva informazioni sulla sicurezza del gruppo, prima che Giovanni gli permettesse di entrare. Lui era al sicuro nel villaggio dei lebbrosi perché era un posto che si evitava e soltanto persone altruiste come quelle del suo gruppo, avrebbero avuto il coraggio e l'umanità di andare lì. In tali posti non aveva la preoccupazione di essere ascoltato dalle spie sparpagliate da Roma. Lui poteva rilassarsi e vivere una vita apparentemente normale. Questo era probabilmente il motivo per cui cercava queste cittadine isolate.

A Gerusalemme c'erano diverse nazionalità e religioni e molti avevano difficoltà a comprendere gli insegnamenti di Gesù. Persino tra gli ebrei c'erano una varietà di aperture spirituali e mentali, persino pagane. Tra tutti costoro c'erano i nazionalisti, spesso nativi della Galilea, per i quali Dio e le genti, Dio e Gerusalemme, Dio e il Tempio, erano elementi inseparabili. Esecravano con indignazione tutto ciò che non era in accordo con questa linea. In questo scenario storico, Gesù veniva percepito come non abbastanza nazionale per i nazionalisti, troppo antiquato per i Sadducei, troppo moderno e liberale per i Farisei, e troppo rigido per le persone comuni della strada. Ebbe veramente vita difficile nel cercare di essere tutte le cose per tutte le persone.

Ai tempi di Gesù l'unica istruzione era "l'istruzione in religione". Veniva loro insegnato che la Legge di Mosè era l'insegnamento più importante e l'unica cosa su cui dovevano basare la loro vita e le loro credenze. Agli ebrei non veniva insegnato di pensare da soli o di mettere in discussione i rabbini o i sacerdoti. A Gerusalemme, Gesù veniva visto con sospetto, poiché chiedeva alle persone di andare contro l'unico insegnamento cui erano mai stati esposti. Lui chiedeva loro di ascoltare un diverso modo di pensare e molti non erano capaci di farlo. Era molto più facile presentare le sue nuove idee radicali a coloro che vivevano nelle cittadine periferiche che erano aperti ad ascoltare le idee che sembravano essere in contrasto con loro educazione.

Non era facile per le persone ascoltare ed accettare concetti che erano totalmente opposti ad ogni cosa che era stata loro insegnata per tutta la vita. Molti consideravano lui un pericoloso radicale e i suoi insegnamenti, farneticazioni di un pazzo. Gli storici affermano che il famoso Sermone della Montagna non avrebbe mai potuto essere predicato nella zona di Gerusalemme, perché quella città era un focolaio di tradizione. Il sermone presentava l'opportunità a coloro che l'ascoltavano di guardare oltre la tradizione e oltre il testo letterale della Legge, verso una nuova ed ampliata applicazione di vecchie diciture e verità. Una tale predisposizione mentale non si poteva trovare all'epoca in Giudea, ma era esattamente cosa ci si poteva aspettare nella regione di Capernaum.

Gesù si era inimicato i rabbini, i sacerdoti e gli Ebrei tradizionalisti, perché lui pensava che i sacerdoti del Tempio si concentrassero troppo sui rituali e sullo svolgimento delle cerimonie. Non guardavano ai problemi e alle preoccupazioni della gente. Gesù vide che c'era un conflitto più grande di quello tra la tirannia di Roma e la credenza degli Ebrei di essere il popolo eletto da Dio.

La gente in Palestina aveva reale motivo per avere paura dei Romani. Durante il tempo della vita di Gesù, all'inizio del regno di Erode Antipa, alcuni Ebrei tentarono una ribellione. Questa fu sedata dalla potenza superiore dei Romani e duemila Ebrei furono crocifissi come punizione. Le persone vivevano con l'oppressione di un duro tiranno, ma la speranza di un redentore, di un Messia, un salvatore che li tirasse fuori dalla situazione, mostrava che desideravano un capovolgimento del governo esistente ed un ritorno alle libertà perdute.

Gli Zeloti usarono queste emozioni per alimentare la loro causa. Essi pensavano che Gesù sarebbe stato il nuovo re, in senso letterale, e che li avrebbe affiancati in una vera guerra per liberare il paese. Ma i suoi modi tranquilli nel parlare di amore li spazientì, perché si aspettavano che la risposta fosse la violenza. Giuda Iscariota viene ora riconosciuto come appartenente agli Zeloti. Questo fu in effetti uno dei motivi dietro il tradimento di Gesù; Giuda pensava di poter portare Gesù ad un situazione in cui avrebbe dovuto combattere ed il resto della popolazione lo avrebbe seguito. I Romani erano ben consapevoli della situazione instabile a Gerusalemme e del possibile pericolo rappresentato da chiunque potesse apparire come un leader.

Quando Gesù entrò in città il Sabato delle Palme, salutato da una moltitudine festante, i Romani sapevano che avrebbero dovuto sbarazzarsi di lui con ogni mezzo. La sua popolarità era cresciuta fino a diventare una minaccia per loro. La gente lo stava riconoscendo come il tanto aspettato Messia che li avrebbe liberati dalla schiavitù dei Romani. Lui era l'uomo che avrebbe sollevato il giogo. Le autorità videro che Gesù poteva essere quello che agitava il popolo verso la ribellione. Quest'uomo gentile non poteva essere più tollerato. Doveva essere eliminato.

La mia ricerca ha rivelato che la zona sotterranea di Gerusalemme è bucherellata di vecchi passaggi e camere segrete. Queste zone e sezioni delle due mura, sono le uniche parti che rimangono dell' originaria città Biblica. C'erano molte camere sotto il sito del Tempio. Alcune di esse furono usate dai soldati Romani per fornire accesso segreto dalla loro fortezza all'angolo delle mura del Tempio, verso le altre aree, come mezzo di difesa. È logico supporre che questa era la zona cui si riferisce Naomi, dove Gesù fu portato per essere interrogato e torturato, nella speranza che, essendo sottoposto a minaccia, avrebbe quindi dovuto rinunciare ai suoi insegnamenti radicali.

Il burrone dentro il quale Naomi disse che era stato gettato viene citato in tutti i dati storici riferiti alla vecchia città. Al tempo di Gesù la città era divisa da un burrone chiamato Valle di Tyropoeon, attraversato da un ponte. Sul lato est dell'enorme muro del Tempio si trovava l'avvallamento di Kedron o Valle di Kedron, che era anch'essa attraversata da un ponte a partire dal Monte degli Ulivi. Jousephus disse che questa vallata era così profonda che quando si guardava giù dal muro non si riusciva a vedere il fondo. Secondo la ricerca storica, Giacomo, il fratello di Gesù, fu ucciso quando venne gettato giù dal muro dentro il burrone. Questo accadde nel periodo turbolento che seguì la morte di Gesù sulla croce.

Se Gesù fu in grado di sopravvivere alle torture e ai tentativi di uccisione dei Romani, allora dovrebbe essere ovvio che avrebbe potuto evitare di essere arrestato e crocifisso. Lui morì solo perché decise di fare così. Come Gesù dice nella Bibbia, (Giovanni 10;17-18) "depongo la mia vita, che potrei riprendere. Nessun uomo può portarmela via, ma io la depongo da me stesso. Ho il potere di deporla ed ho il potere di riprenderla". Se lui non avesse deciso che era il suo momento per ascendere, e questo non rientrava nello schema della sua vita, allora non avrebbe permesso ai Romani di ucciderlo. Si evince da questa storia che lui aveva un grande controllo sul suo corpo, persino al punto che poteva sopravvivere a ciò che avrebbe ucciso altri non così elevati. Lui conosceva e comprendeva la sua missione al punto che poteva controllare il tempo ed il metodo della sua morte.

CAPITOLO X
IL RACCONTO DI NAOMI
SULLA CROCIFISSIONE

Era quasi Natale del 1987 e un altro mese passò prima che potessimo avere un'altra sessione. Io raramente faccio sessioni durante i mesi invernali per l'eventualità del brutto tempo e delle pesanti nevicate che capitano in Arkansas d'inverno. Non mi piace l'idea di rimanere a piedi sulle nostre strade di montagna dopo il tramonto. Questi sono i periodi di ibernazione nel nostro paese delle montagne Ozark, ma desideravo proprio completare la storia di Anna sul collegamento di Naomi con Gesù. In quel momento stavo scrivendo il primo dei due libri su Nostradamus e la mia attenzione era completamente assorbita da quelle informazioni intense e complicate.

Divenne presto ovvio che non aveva importanza quanto tempo passava tra le sessioni. Anna era in grado di riprendere la storia al punto esatto ogni volta, come se non ci fosse stata alcuna interruzione. Nel frattempo lei continuava con la propria vita e diceva che non pensava nemmeno alla storia della regressione. Questa era una riprova del fatto che non era inventata perché non c'era un'insistenza ossessiva nel voler continuare le sessioni. Rispetto alla sua vita impegnata, queste sessioni erano quasi secondarie. La sua attenzione era focalizzata solo quando ne facevamo una. Quando Anna si svegliava mostrava confusione ed incredulità, ma dopo che me ne ero andata, la sua attenzione ritornava ancora una volta alla sua vita quotidiana. Naomi si allontanava nei recessi del suo subconscio e nelle anse del tempo.

Mentre la storia progrediva sembrava che Naomi non fosse presente a Gerusalemme quando Gesù fu crocifisso perché le aveva detto di rimanere nel villaggio. Io credo in ogni caso, che lei non avrebbe voluto essere presente. Sarebbe stato estremamente difficile e straziante per chiunque fosse stato collegato a lui, guardare un così orribile spettacolo. Lei sembrava essere sensibile e premurosa come lo è Anna nella vita reale di oggi, e non avrebbe potuto osservare una tale scena. Ma pensai che avrebbe sentito le notizie e i diversi racconti e versioni di ciò che era accaduto. Potevamo conoscere molto da questi resoconti. Usai la parola chiave di Anna e contando la riportai indietro nel tempo.

D: Torniamo al tempo in cui Naomi viveva a casa di Bendavid, e Gesù le aveva appena parlato. Torniamo a quel momento. Cosa stai facendo? Cosa vedi?

A: *Sono appoggiata contro un albero, sono andata a camminare. Sembro avere una idea più chiara del mio futuro.*

D: Vuoi condividerla con me?

A: *(Con tristezza, non con commozione come prima, ma con risolutezza) Io so che devo fare i pellegrinaggi del Nazareno ed essere di servizio nei villaggi e nelle zone dove le persone hanno bisogno del mio aiuto. So che le mie visioni sono state riempite di verità. E so che il mio tempo con il Nazareno sta volgendo al termine.*

D: Cosa vuoi dire?

A: *So che lui non starà con noi fisicamente ancora per molto.*

D: Questo a causa delle visioni che tu hai avuto?

A: *Sì. Quando ne abbiamo parlato, lui mi ha detto che ciò che ho visto è vero. Lui ha detto che la sua missione e il suo scopo per camminare tra la gente stava per concludersi, perché il suo scopo in questo corpo fisico era quasi finito.*

D: Hai deciso cosa hai intenzione di fare?

A: *Rimarrò in questo villaggio finché sarò necessaria. Poi viaggerò con un gruppo più piccolo che si mette al servizio di coloro dove la maggior parte della gente non va. Voglio essere di servizio dove la gente ha più necessità. E c'è un gruppo che fa pellegrinaggio tutto l'anno. Quindi credo che questo sia il mio destino.*

D: Il Nazareno è già partito?

A: *Partirà domattina.*

D: Sai dove andrà?

A: *Credo che farà ancora un pellegrinaggio. Poi andrà verso Gerusalemme. Deve incontrare delle persone.*

D: Che genere di persone? Lo sai?

A: So che deve vedere dei suoi seguaci. Perché lui sa anche che coloro che voglio fargli del male presto verranno da lui. E lui deve prepararsi.

D: Ti ha detto qualcosa di ciò che lui sa?

A: No. Non chiaramente. Mi ha detto solo che ciò che ho visto era la verità, e che sarebbe rimasto in contatto ma non più con i nostri corpi fisici.

D: Mi domandavo se pensavi di andare con lui domattina.

A: No, lui desidera che io non vada con lui. Preferisce che io stia nel villaggio ora. Lui sa che il mio servizio durante un pellegrinaggio è molto importante. Sente che servirò la causa e lo spirito al meglio, restando al sicuro dove posso.

D: Tu desideri fare sempre ciò che vuole lui.

A: Sì. Qualche volta è difficile. So di essere veramente necessaria qui. Mi sento molto matura a volte. Mi sento in pace con la mia decisione. Ma ho le mie visioni così chiare, che so cosa sta per accadere. Questo è il progetto di Dio, così lo accetto totalmente.

D: Sì, perché anche lui sa cosa sta per accadere, potrebbe evitarlo se volesse.

A: Ma lui è stato mandato qui per uno scopo, come tutti noi. E il suo scopo si è compiuto. Quindi ascendendo lui continuerà a crescere e farà di gran lunga più del bene che non rimanendo nel suo corpo fisico in questo momento. Quindi lo fa per la sua crescita spirituale.

D: Hai desiderio di tornare a Gerusalemme per vedere i tuoi genitori?

A: Sì. Ma questo sarà più avanti.

D: Va bene. Spostiamoci in avanti, al mattino quando lui si prepara per partire. Lo hai visto prima che lui parta?

A: (Triste, quasi in lacrime) Sì. Ci sono alcune persone che partono con lui. (sottovoce, quasi impercettibilmente) E... io...io soffrirò, (incominciò a piangere) perché io so... io so che il suo percorso sarà riempito di dolore e di accuse. Eppure lo guardo e i suoi occhi sono così gentili e amorevoli. Vedo la luce dorata del suo centro del cuore e attorno al suo capo (con voce rotta dal pianto) e non riesco a trovare le parole. È difficile vederlo partire questa volta.

Questa emozione era contagiosa, era difficile interrompere, eppure era importante proseguire nel racconto.

D: Ma loro andranno in pellegrinaggio, hai detto?

A: *Sì... e questo sarà l'ultimo.*

D: Ti ha detto addio?

A: *(Sottovoce) Sì. Ha messo le sue mani sul mio volto, mi ha guardato e mi ha augurato di continuare a camminare facendomi condurre dal mio cuore e dal mio spirito. E questa è la verità. (Piangeva).*

D: So che eri molto vicina a lui, ecco perché è così commovente per te. Ma è veramente meraviglioso aver avuto contatto con una persona così. Bene. Lasciamo andare questa scena e spostiamoci in avanti. Voglio che tu vada al tempo successivo, se mai c'è, in cui lo vedi o hai contatto con lui.

Non pensavo che ci sarebbe stata una volta successiva, visto che lei era così sicura che non lo avrebbe rivisto prima che lui morisse. Ma pensai che dovevamo provare. La mia speranza, credo, era che ci fosse ancora modo che lei andasse a Gerusalemme per vedere la crocefissione e dare un resoconto come testimone visivo.

D: Spostiamoci avanti nel tempo fino alla volta successiva in cui tu lo incontri.

Quando finii la frase lei scoppiò in lacrime e in un pianto dirotto. Pensai che stesse vedendo la morte di Gesù.

D: Va tutto bene. Se ti disturba troppo puoi sempre osservare la scena dall'esterno. Cosa sta accadendo?

A: *(In lacrime) Io sono... è... Oooh!*

D: Cosa succede?

A: *Io sono per strada, sto entrando nel villaggio dei lebbrosi. E lui se ne è andato, voglio dire ha avuto la sua morte fisica. Ma eppure lui è lì... lo vedo! Lo vedo per strada!*

D: Puoi dirmi che aspetto ha?

A: *(Piangendo) Lui è lo stesso. Tranne che per il fatto che indossa una veste nuova, ma è uguale.*

D: Vuoi dire come se fosse fisicamente lì? È da tanto che è trapassato?

A: *Penso da qualche mese.*

D: Cosa sta accadendo?

A: *(Era quasi sopraffatta dall'emozione). Lui... non sta parlando con la bocca ma con la mente. Voleva che io sapessi che lui è sempre con me, e che mi vuole bene, e che è orgoglioso del fatto che abbia avuto la forza di continuare ad essere di servizio. Di non aver paura per me stessa, ma di aiutare coloro che non possono aiutare se stessi. Questo è il motivo per cui ha scelto questo momento per manifestarsi a me.*

D: Sei da sola per strada quando lo vedi?

A: Sì. Ho preso una pausa dal villaggio, qualche volta lo faccio, vado a fare una passeggiata, ed è sicuro. Faccio delle brevi passeggiate quando ho bisogno di pensare o starmene da sola per un po'.

D: Quindi nessun altro lo ha visto? Rimane in comunicazione con te per molto?

A: No. Ma mi fa sapere che è con me e starà con me e mi apparirà. E che è in un posto migliore dove ha delle cose da fare, dove lui è necessario (sorridendo).

D: E poi è andato via o cosa è successo?

A: (Sottovoce) Sembra che sia scomparso. Ora sono di nuovo da sola sulla strada.

D: Devi aver sentito della storia di ciò che gli è successo. Mi puoi raccontare? (pausa) Tu non eri là, vero?

A: (Ancora emozionata) No. Ma cerano i soldati Romani, da ciò che ho compreso, ed è stato arrestato. Lo hanno trovato colpevole (quasi impercettibilmente) e lo hanno ucciso.

Dovetti fare domande come se ignorassi la storia Biblica, per non influenzarla, e per ottenere la sua versione non condizionata.

D: Non c'è stato nulla che i suoi amici potessero fare?

A: Non avevano abbastanza forza. Non puoi battere i soldati Romani a meno che tu non abbia più forza, più potere di loro.

D: Non pensavo che potessero mandare a morire una persona senza una motivazione.

A: Dissero che era stato blasfemo contro il governo Romano. Anche alcuni dei leader religiosi pensavano che lui fosse blasfemo contro Dio e i loro insegnamenti. Sentivano che non potevano lasciar vivere questo uomo, che stava diffondendo questo tipo di cose contro il governo, e contro il Tempio. E loro credevano che lui... credevano che... (con voce rotta dal pianto)

D: Cosa pensavano?

A: (Si riprese) Loro avevano sentore che ciò che lui diceva non era pieno di verità, e che aveva mentito a tutti. Dissero che non riusciva a fare miracoli. Hanno provato a forzarlo a fare dei miracoli. E lui non ha potuto. Poi c'è stata una rivolta. I suoi seguaci, il suo gruppetto di seguaci ha combattuto contro i soldati per strada. E ci sono state persone calpestate e ferite a morte.

D: Vuoi dire che i suoi seguaci lottavano contro i Romani per ciò che stavano dicendo?

A: I suoi seguaci cercarono di proteggerlo.

D: Per evitare che fosse arrestato, vuoi dire?

A: Sì, ma non erano abbastanza.

D: Quindi alcuni di loro perirono per strada?

A: Sì. I soldati incominciarono ad attaccare, e poi la città è come impazzita. Le persone venivano calpestate, e i soldati inseguivano chiunque.

D: Hai detto che loro cercarono di fargli fare dei miracoli e che lui non c'è riuscito. Pensi che lui non abbia potuto o non abbia voluto?

A: Io penso... (con voce sicura) Io penso che avrebbero trovato comunque un modo per ucciderlo, non ha importanza quale. Io credo che lui sapesse che i miracoli possono accadere a chiunque. Ma se questi individui pensano di non poter guarire o pensano che le cose non cambino, allora questo non accadrà. Lui non poteva restituire la vista ad un cieco se il cieco non voleva vedere. A meno che non ci fosse stato altro che il cieco avrebbe dovuto fare.

D: Io penso sia stata come una trappola quella che gli tesero.

A: Un trappola che doveva farlo fallire, e lui lo sapeva. Lui ha fatto il viaggio sapendo il risultato. Sapeva cosa sarebbe accaduto. Non lo avrebbero esposto ad una prova che lui avrebbe superato. Si sentivano troppo minacciati.

D: Sarebbe stato difficile fare dei miracoli in quel genere di atmosfera.

A: Sì. E lui inoltre non camminava tra la gente per questo scopo. Quindi lo... misero sotto accusa... ma era una messinscena. Poi hanno progettato la sua... morte.

D: Sai come è stato ucciso? (Naomi fece un profondo sospiro). So che è doloroso per te rispondere a queste domande, ma voglio solo sapere cosa ti è stato raccontato.

A: Loro uccidono le persone... fanno delle croci di legno (la parola "croci" sembrava essere una parola insolita a Naomi). Questo è come, in questi tempi, fanno morire le persone, nel modo peggiore. Loro innalzano queste croci e ci inchiodano le persone. E le lasciano morire. Uccidono molte persone in questo modo. Specialmente coloro che vogliono siano da esempio per gli altri. Vogliono essere sicuri di controllare le masse con la paura.

D: Sembra veramente un modo terribile. Hai sentito altre storie di cose che sono capitate in quel momento?

A: Ho sentito molte storie. Non so cosa è realmente vero. Alcune persone dicono di averlo visto morire su quella croce, eppure lo hanno visto comparire davanti ai propri occhi la sera seguente o il giorno seguente. Ho sentito anche che non hanno potuto trovare il suo corpo. Ho sentito molte cose.

D: Hai parlato con qualcuno che era effettivamente là quando è morto?

A: Si. Ho parlato con persone che lo hanno visto sulla croce.

D: Ti hanno raccontato di qualcosa che era successo mentre lui stava morendo?

A: Hanno detto che in qualche modo era in grado di controllare il dolore.

D: Questo è un bene. Così sai che non ha sofferto.

A: Ho sentito qualcuno dire che hanno visto lo stesso tipo di luce che io vedevo attorno al centro del suo cuore e alla sua testa. Loro hanno visto la stessa luce dorata. Hanno visto anche che quando è stato deposto dalla croce il suo viso mostrava serenità. (Pausa di riflessione) Ma ho sentito che le persone lo hanno visto comparire in seguito.

D: È stato sulla croce per lungo tempo? Ho sentito che ci vuole molto tempo per morire in quel modo.

A: Non ricordo quanto tempo, non ricordo...

D: Ma è stato in grado di controllare il dolore.

A: Sì. L'ho sentito dire da un certo numero di persone. Erano sorpresi dalla sua calma. Era come se lui non fosse lì. (Pausa) il mattino seguente lui era... so che lo hanno deposto all'alba.

La stessa frase, a proposito di Gesù che non soffriva e apparentemente non sentiva dolore, fu riportata anche in Gesù e gli Esseni. Era come se lui si fosse astratto dal corpo, ne fosse uscito. Comunque lui lo fece, era abbastanza preparato da sapere come separare se stesso da ciò che il suo corpo stava sperimentando. Viene anche citato che morì in un lasso di tempo molto più breve di quanto normalmente accade con questo tipo di morte. Quindi apparentemente aveva il controllo completo sul suo corpo fisico.

D: Hai detto che hai sentito persone dire che non si è trovato il corpo?

A: Questo è ciò che ho sentito.

D: Cosa hai sentito a proposito?

A: Ho sentito che avevano deposto il corpo e lo avevano coperto, e che c'erano dei soldati che lo custodivano.

D: Come mai c'erano i sodati?

A: Credo che i Romani avessero paura dei suoi seguaci e della reputazione che lui aveva. Loro si stavano preoccupando, quindi credo pensassero che lui fosse un prigioniero del governo.

D: Persino dopo che era morto?

A: Sì. Io credo che fossero pieni di paura perché lui aveva raccolto così tanto consenso. Questo è il motivo per cui non potevano lasciarlo vivere. Ho sentito dire che i seguaci avevano intenzione di venire a prendere il corpo.

D: Ed è il motivo per cui c'erano i soldati?

A: Sì. Ma ho sentito che quando sono giunti per togliere il lenzuolo, il corpo non c'era. Questo è ciò che ho sentito. (sorridendo come se fosse una cosa assurda). Non so. I soldati vennero a controllare. Credo che i seguaci e la famiglia fossero in fine stati autorizzati a vedere il corpo. E io penso che alla fine il governo avrebbe potuto consegnare il corpo alla famiglia. Ma andarono a controllare e dissero che il corpo non c'era più. Non so cosa potrebbe essere realmente accaduto. Avrebbero potuto drogare i soldati o ubriacarli. I seguaci avrebbero potuto prendere il corpo. Avrebbero potuto fare molte cose per far sembrare che il corpo fosse scomparso da solo.

D: È difficile da credere, vero?

A: Sì. Si sono sentite molte storie. E se non sei presente... queste storie crescono. Le storie si allargano quando ti arrivano. Ma io so che le persone del governo e del Tempio avevano paura delle conseguenze e temevano di perdere il potere, sentendo delle guarigioni e dei miracoli che accadevano, si sentivano minacciati, così alla fine avrebbero trovato il modo per ucciderlo.

D: Sì. Sembra che loro lo vedessero come una minaccia. Ma noi sappiamo che lui non fece mai nulla che avrebbe danneggiato qualcuno. Hai detto di aver sentito anche di storie dove lui è apparso alle persone? Intendi nel modo in cui lui è apparso a te per strada?

A: Ho sentito che lui dapprima apparve a Gerusalemme.

D: Sai a chi è apparso?

A: Non esattamente, a diversi gruppi di persone. Ho solo sentito dire che ha cominciato ad apparire in alcuni luoghi.

165

D: Mi domando se avesse lo stesso aspetto di quando lo vedesti tu, o se era come uno spirito. Dissero che lo riconobbero?

A: *Dissero che comparve e poi sparì. Ma che sembrava lo stesso. Lo riconobbero.*

D: Qualcuno ha riferito se lui abbia parlato a loro?

A: *(Pausa) Un gruppo disse che lo sentirono dire che erano perdonati. Non ho sentito cosa abbiano detto gli altri, ma non ha parlato ogni volta. Semplicemente compariva qualche volta.*

D: Sai se è comparso a qualcuno dei suoi seguaci a parte te?

A: *Sì. Ho sentito che era apparso a loro e che li perdonava, che dovevano trovare la forza di vivere la verità e continuare l'insegnamento di Dio.*

D: Cosa pensi che volesse dire con la frase "Vi perdono tutti"... i suoi seguaci?

A: *Perché c'era qualcuno – ce n'erano in effetti più di uno. Lui è stato tradito. I Romani dovevano sapere come trovare uno stratagemma per screditarlo pubblicamente*

D: Qual è la storia che hai sentito in merito?

A: *I Romani trovarono dei seguaci che sarebbero stati pagati con ricchezza e potere.*

D: Non avrei pensato che qualcuno dei suoi seguaci lo avrebbe fatto.

A: *C'erano molte persone che sostenevano di essere seguaci, ma gli uomini possono essere facilmente messi in tentazione quando si tratta di rendere la loro vita più facile. E non molti si pentono dopo.*

D: Non riesco a capire come qualcuno che gli era stato vicino e aveva camminato con lui potesse tradirlo.

A: *I Romani sapevano da chi andare.*

D: Come lo hanno tradito?

A: *Alcuni diedero ai Romani informazioni che sarebbero servite per mettere in atto uno stratagemma, per poterlo accusare, così come farlo fallire. Escogitarono l'idea di una sfida che sapevano avrebbe funzionato. Avrebbero fatto sì che qualcuno sembrasse non guarito e che il miracolo non fosse accaduto. Sapevano come far apparire agli occhi del pubblico che il Nazareno era un truffatore. Che quest'uomo era contro la gente. C'era una grossa folla radunata e i soldati Romani incominciarono a fare domande al Nazareno in pubblico e ad accusarlo per farlo sembrare uno sciocco. Quando lui non poté fare ciò che gli chiedevano, allora incominciarono a gridare. "non ha fatto nulla delle cose che la gente dice abbia*

*fatto. Lui è una specie di... demone". Sobillarono la folla. Ci
furono dei disordini.*

D: Ma una volta mi hai detto che avevano provato questi tipi di
test prima e che Gesù era stato in grado di smascherarli.
Perché non lo ha fatto questa volta?

*A: Lui sapeva che era giunta la sua ora. Questo era come lui
doveva ascendere. Lo sapeva, avendo provato il tradimento
della gente su di sé. Lui sapeva che le persone, le masse, non
erano pronte per i suoi modi di verità e di vita. Sapeva
comunque che c'era un piccolo gruppo di persone cha
avrebbe continuato il suo operato. Ma sapeva che questo era
un mondo di gran lunga troppo brutale e primitivo, quindi a
questo punto aveva servito il suo scopo. Aveva fatto ciò che
poteva fare. Ed era il suo momento per operare da una
prospettiva diversa.*

D: Hai sentito altre storie di persone che lo hanno visto dopo che
è morto?

*A: Sì. Col passare dei mesi, ho cominciato a sentire che era
apparso in alcuni dei villaggi più piccoli dove era solito
andare, dove c'era il suo operato. E ho sentito che... dicono
che lui abbia svolto guarigioni e miracoli. Io so che le persone
probabilmente lo hanno visto, ma mi domando se sono i suoi
seguaci, i quali vivono secondo le regole del cuore e della
verità, che attuano le guarigioni, oppure se con la percezione
di averlo visto, allora egli ha svolto i miracoli attraverso loro.
Io penso che il fatto di averlo visto abbia dato loro la forza e
la fede per continuare.*

D: Questo potrebbe essere. Cosa è successo ai seguaci?

*A: Hanno molta paura. Quelli in città, dove si sentono al sicuro,
continuano le loro riunioni nascoste. E quelli nei paesi più
lontani continuano la loro vita. Sono ancora i suoi seguaci,
ma il governo non lo deve sapere. E le persone che fanno i
pellegrinaggi... beh, nessuno si interessa delle persone che
loro aiutano. Quindi sono ragionevolmente al sicuro.*

D: I Romani non li vedono come una minaccia

*A: No, al governo non interessa dei lebbrosi o dei villaggi che
sono poveri. Loro non li aiuterebbero. E nessuno vuole
provvedere agli ammalati. Hanno paura delle malattie.
Quindi sono al sicuro.*

D: Probabilmente pensano che senza un leader, gli altri non
faranno nulla.

A: *Questo è vero. Ma possono continuare in maniera sottotono e non visibile, e continuare ad insegnare e vivere la verità nel miglior modo possibile.*

D: Ti ringrazio per avermi raccontato le storie che hai sentito. Almeno tu sai di averlo visto, quindi sai che quella parte è vera.

A: *Sì, e sento la presenza. Voglio dire, sono colmata. So che è con me.*

D: Sei già tornata a Gerusalemme per visitare i tuoi genitori?

A: *(Sospirando) Lo farò nel prossimo pellegrinaggio verso quella zona.*

D: Loro si staranno domandando cosa è successo?

A: *Ho cercato di mandare loro dei messaggi per mezzo di persone che andavano in quella direzione. Quindi spero li abbiano ricevuti.*

D: Se tu avrai la possibilità di parlare con loro, potrebbero saperne di più sui fatti che sono accaduti, perché erano nella stessa città. Va bene, lasciamo la scena e spostiamoci avanti alla prossima volta che vai a Gerusalemme per trovare i tuoi genitori. Spostiamoci a quel tempo. Sei mai tornata a Gerusalemme?

A: *Sì.*

D: Suppongo sia stato emozionante vederli dopo tanto tempo.

A: *Sì. Loro sono... Oh ho notato... che io sono molto più adulta. Ho notato il passare degli anni sui loro volti, ma anche la loro tristezza.*

D: Cosa l'ha causata, lo sai?

A: *Lo scompiglio nel governo, e il fatto di essere sballottati dalla confusione. È stato difficile per loro. Credevano a ciò che diceva il Nazareno, ma non erano veri seguaci. Mantenevano alcune delle loro credenze tradizionali, eppure non riuscivano a seguire completamente le leggi del Tempio perché esse erano crudeli ed inique. Quindi ora fanno ciò che possono per tirare avanti giorno dopo giorno.*

D: Hai detto che tuo padre era il fratello del Nazareno?

A: *Era fratellastro, ma ha cambiato alcune delle sue credenze. Io penso, dopo ciò che hanno passato per come lui (Gesù) è morto, e sapendo che era stato accusato di cose non vere. Hanno perso parte del loro cuore, ma sembra che ora vadano avanti, continuando la loro vita.*

D: Sì. Lo posso capire. Puoi domandare loro se erano là quando Gesù è morto?

Lei parlò lentamente come se lo avesse domandato loro, essi rispondevano, e lei ripeteva.

A: (Con tristezza) Lo videro sulla croce. E pregarono. Mio padre dice che ci fu un momento che i suoi (di Gesù) occhi si alzarono e il loro sguardo si incontrò. Lui dice che ha sentito... ha sentito calore e amore. (Commossa) e non era di questo mondo, lui dice.

D: Puoi domandargli se qualcosa di insolito o fuori dell'ordinario è accaduto? (la sua espressione facciale mostrò emozione) Cosa succede?

A: Bene... (profondo sospiro) lui dice... ed è come se lo vedessi attraverso gli occhi di mio padre. Lui dice che quando lo deposero ha avuto una visone di suo fratello con la veste pulita, come se fosse in un altro corpo...(piangendo) come se il corpo fisico andasse in una direzione, e quest'altro corpo che appariva come integro e sano, andasse in un'altra direzione. Ha visto la stessa cosa che ho visto io per la strada. E lui (mio padre) ha descritto la stessa cosa e la stessa sensazione.

D: Chiedigli se ha sentito dei racconti sulla sparizione del corpo. Sa qualcosa?

A: Sì. Lui dice che il mattino seguente stavano andando a recuperare il corpo. E hanno spostato il coperchio di granito, ed il corpo era sparito.

D: Ha visto che non c'era?

A: Sì. E non sa veramente come spiegarlo. Perché, come me, lui dice che molte cose sarebbero potute accadere tra i soldati ed alcuni dei suoi seguaci più intimi e le persone religiose. Mio padre ha la sensazione che, dopo ciò che ha visto sulla croce, il corpo fisico non abbia significato. Lui dice che lì non c'era nessun corpo.

D: C'era qualcun altro con tuo padre quando è andato là?

A: Dice alcuni dei seguaci che camminavano con il Nazareno. Circa una dozzina.

D: Cosa pensarono i soldati quando si accorsero che il corpo era sparito?

A: In un primo momento furono scioccati. Poi si arrabbiarono perché erano tenuti responsabili di ciò che era accaduto. Ma fu certamente puro shock poiché non avevano idea di come il corpo fosse scomparso.

D: Quindi sembrerebbe che loro non avevano nulla a che fare con questo.

A: No, ma io credo esistano varie erbe e spezie che si possono mischiare a cibo o bevande, per far addormentare le persone, quindi non so. Ci sono molti modi in cui potrebbe essere accaduto. I soldati non hanno alcun ricordo, così dicono.

D: Sì, questo sembra possibile. Qualcuno avrebbe potuto arrivare furtivamente e prendere il corpo?

A: Penso che potrebbe essere accaduto.

D: Il posto dove era lui, non era sigillato?

A: Era stato collocato in una tomba, e la tomba era controllata dai soldati, quindi se il corpo non è scomparso da solo, ci sarebbe voluto un piano per fare ciò.

D: Pensi sia stato possibile?

A: Non credo.

D: Questo sarebbe molto strano.

A: Sì. Non so cosa escogitassero il governo, o i seguaci, o i leader religiosi, o chiunque potesse averlo fatto.

D: Si, ma in ogni caso il corpo era scomparso. Io pensavo che la tomba avrebbe potuto essere sigillata, così nessuno poteva entrare.

A: Doveva essere così. Ma... ci sarebbero volute più di due persone per alzare la lastra della tomba. Era molto pesante. Quindi qualcosa è stato escogitato.

D: Starai con i tuoi genitori a lungo?

A: No, solo una breve visita. Poi devo proseguire verso alcuni luoghi, prendermi cura delle persone.

D: Sei da sola?

A: No, ci sono altri seguaci che sono venuti a Gerusalemme. Io non vado per strada da sola. Siamo un piccolo gruppo solitamente.

D: Bene, so che i tuoi genitori sono contenti di vederti.

A: Sì. È bello vederli. Ma questo posto è diventato straniero per me.

D: Sembra sia passato molto tempo da quando sei andata via.

A: Sì. E l'atmosfera di questa zona non sembra giusta per me.

D: Suppongo ci siano molti cambiamenti da quando sei andata via. Tu sei cambiata in molti modi da quando hai lasciato la casa dei tuoi genitori.

A: Sì. (Ridacchia) Tantissimo.

D: Tanti cambiamenti. Bene. Lasciamo quella scena, e voglio che tu ti sposti in avanti nel tempo ancora una volta ad un giorno importante della tua vita che è accaduto dopo quel periodo. Un giorno importante quando qualcosa che tu consideri importante stia accadendo. Conterò fino a tre e saremo là. 1…

2... 3... è un giorno importante della tua vita. Un giorno che tu consideri essere importante. Cosa stai facendo? Cosa vedi?

A: Sono in un villaggio. E sono un po' più vecchia (la sua voce sembrava in effetti più matura). Ma siamo riusciti a sviluppare una comunità basata sulla verità e sugli insegnamenti del Nazareno e di Dio. So che questo gruppo continuerà ad insegnare ad altri e che non morirà mai. E un giorno questa speranza che lui aveva per l'umanità si evolverà in ciò che lui voleva che fosse. Quindi credo che questo giorno sia importante principalmente perché so che il mio tempo si sta avvicinando. E posso ascendere con il cuore pieno sapendo che ho insegnato agli altri e che sono nella verità. Loro continueranno ad insegnare ad altri e a crescere. Io sono con questa mia famiglia in questa comunità da molti anni. Siamo al sicuro. Siamo al sicuro dal governo e dalla religione. Possiamo ancora fare pellegrinaggi ed essere di servizio. Eppure stiamo crescendo ed abbiamo forza.

D: Qualcuno ha dato nome al tuo villaggio?

A: Sì. Lo abbiamo chiamato Bethsharon (Pronunciato con l'accento sull'ultima sillaba)

Il mio consulente Ebreo mi disse che Beth davanti ad un nome di un luogo, significava "casa" (un esempio è Bethlehem, che significa "Casa del Pane"). Lui disse che Bethsharon poteva significare "casa delle Rose", perché sharon è un fiore. Tutto ciò sembrava plausibile ed era in linea con i nomi dei luoghi giudaici. Poi quando feci la mia ricerca, scoprii una città che esisteva al tempo del Cristo, ed era situata direttamente sul fiume Giordano, collocandosi proprio nel punto giusto. Era Bethshean (che significava "Casa del Riposo", "Casa della Tranquillità", "Casa della Sicurezza", o "Dimora nella Quiete"). Bethshean era meglio conosciuta al tempo del Cristo con il nome Greco di Scytolopolis, ed era una grande città. Il villaggio dei lebbrosi non sarebbe stato certo come una grande città, ma il nome Giudaico si adattava sicuramente ad un posto di isolamento. Sto solo ipotizzando, ma forse quando il nome greco prese il sopravvento, i seguaci di Gesù scelsero per il villaggio più piccolo, il nome Giudaico. Può essere che il nome fosse veramente Bethsharon, e Bethshean è solo una similitudine di pronuncia. Si sa così poco dei nomi dei luoghi delle città durante quel periodo storico, che tutto è possibile.

D: Ti sei mai sposata?

A: No. (Ridacchiando). Questo è stato tanto tempo fa. So che ero sposata alle mie credenze e che potevo fare solo il lavoro migliore e più vero, stando da sola e avendo la libertà di girare ed essere di servizio. Non avrei insegnato a tutti quei bambini ed aiutato tutti gli orfani e costruito la nostra famiglia se fossi stata sposata.

D: Hai detto che eri lì con la tua famiglia, quindi ho pensato che questo era ciò che intendessi.

A: Tutto il villaggio è la mia famiglia. Noi siamo tutti una famiglia.

D: Hai mai più visto Gesù? A parte quella volta per strada?

A: Sì. Ogni tanto lui mi appare nello stesso modo. E credo che, visto che sono invecchiata lo vedo anche di più nella mia mente. Ma è quando vado a camminare da sola che mi appare.

D: E lui sembra sempre lo stesso?

A: (In maniera amorevole) Sì.

D: Cosa ti ha detto in queste occasioni?

A: Oh, molte cose. Ma principalmente ha mantenuto viva la speranza. Lui ha detto anche che i suoi insegnamenti e la verità, sgorgheranno di nuovo attraverso i cuori delle persone. Lui sa che l'umanità può vivere senza le barriere dei governi e della religione. Quindi continua a dare speranza ed incoraggiamento a coloro che stanno insegnando la verità.

D: Pensi che lui voglia che voi iniziate un nuova religione?

A: No, no. Lui vuole diffondere la verità della cura dell'uno verso l'altro, e come essere sinceri verso lo spirito che è Dio. Lui non ha mai voluto alcuna divinizzazione. Lui voleva che noi ci prendessimo cura del prossimo come avremmo voluto che avessero fatto con noi.

D: C'è qualcuno che parla di iniziare una religione attorno alla sua figura e i suoi insegnamenti?

A: Ci sono molti che sono andati avanti. Alcuni dei suoi discepoli hanno cercato di ottenere potere attraverso i suoi insegnamenti, dicendo che la loro era l'unica via. Ma questa non è la verità. Questa non è ciò che era la via di Gesù. Quindi stanno creando esattamente ciò da cui lui si stava discostando quando lasciò il Tempio. Questo è quello che accade.

D: Qual è la differenza nel definire alcuni "discepoli" ed altri "seguaci"

A: Credo che quando penso ai Discepoli, penso principalmente al piccolo gruppo che era con lui. Ma i seguaci erano tutte quelle persone che credevano nella sua parola, le masse.

D: Me lo domandavo perché anche tu sei stata con lui per un po'
di tempo.

A: Sì. Ma per me era semplice, conoscevo il mio fine. Avevo
chiarezza. Avevo qualcosa di molto speciale. Non desideravo
avere controllo, volevo solo essere sincera.

D: Quindi alcuni di loro volevano il potere, e non è affatto ciò che
voleva lui vero?

A: Proprio così. Ecco perché ha lasciato la Terra in età così
giovane. Lui sapeva che non era il tempo. Aveva fatto tutto ciò
che si poteva fare.

D: Bene. Ti ringrazio per aver parlato con me e per avermi
raccontato così tante cose. Spero di tornare a parlare con te in
un altro momento. Lasciamo la scena.

Riportai Anna indietro alla piena consapevolezza. Quando Anna
si svegliò si ricordava ancora della scena della crocifissione.
Riaccesi il registratore per registrare i suoi commenti.

D: Hai detto che quando hai visto la scena attraverso gli occhi di
tuo padre, sembrava orribile perché c'era sangue su tutto il
corpo non solo in alcuni punti.

A: Se tu lo avessi visto su quella croce, come io lo vidi attraverso
gli occhi di mio padre, avresti tremato e saresti stata talmente
scioccata, da non poter respirare. Vedere una cosa talmente
barbara fatta ad un essere umano. Avresti pensato al dolore
atroce nell' avere quei chiodi conficcati nella carne. E avere
le ferite da taglio con il sangue che scorreva. Lui aveva un
pallore quasi grigio. La sua non sembrava più carne.

D: Aveva anche ferite da taglio?

A: Vedo il sangue che esce da punti diversi. Quindi credo di si. Fu
pugnalato in diversi punti. Eppure, come ho detto, sapevo che
fisicamente lui non sentiva veramente nulla.

D: Aveva qualcosa sul capo?

A: I suoi capelli sembravano arruffati. Come coperti di fango e
bagnati.

D: Ero curiosa perché noi abbiamo immagini di ciò che pensiamo
sia accaduto.

A: Sì. Ma non vedo una... questa sono io che sto dicendo di aver
visto sue immagini. I Cristiani dicono che aveva una corona
di spine, ma io non la sto vedendo chiaramente. Sto vedendo
come ho detto i capelli arruffati, infangati, sporchi. Forse dal
fatto di essere rotolato per terra o cosa del genere, tipo sporco
o con foglie o...

D: Forse questo è ciò che veramente gli è accaduto.

A: *Non so.*

D: Forse anche i tagli sono stati inferti prima che fosse messo sulla croce.

A: *Sì. (Improvvisa rivelazione) Oh, lo so! Penso che ciò che sto sentendo è che devono esserci stati soldati o persone nella scena della folla inferocita che lo hanno colpito. Sento che sono accadute queste cose. Io penso che lui fosse consapevole di tutti i passaggi a cui sarebbe andato incontro. Penso che lui si stesse preparando ad ogni passaggio. Persino nella scena della folla inferocita io credo che lui si stesse preparando ad affrontare il dolore. Poiché io credo che il dolore sia stato causato dalla folla che lo colpiva e lo gettava a terra praticamente lo calpestava.*

D: Per me ha senso pensare che non avrebbe voluto sperimentare tutto ciò perché avrebbe potuto astrarre se stesso.

A: *Sì, e io penso che lui lo stava facendo persino prima di essere messo sulla croce. Ho potuto vederlo attraverso gli occhi di mio padre. Adesso tutte queste cose mi stanno tornando. Sento che mio padre incrocia i suoi occhi. Quando i loro occhi si incontrano, è come se i suoi (di Gesù) occhi fossero stati gli occhi di...qualcun altro. Voglio dire erano i suoi occhi, ma non c'era dolore. E quegli occhi riempirono mio padre di calore a amore, dicendo che tutto andava bene.*

CAPITOLO XI
LA MORTE NON È ALTRO CHE
UN PELLEGRINAGGIO

Sapevo che avrebbe dovuto esserci ancora un'altra sessione per completare la storia del collegamento di Naomi con Gesù. Avremmo dovuto riportare lei verso l'ultima parte della sua vita. Inoltre io volevo scoprire ancora più cose su quello che aveva sentito su di lui, aneddoti o cose simili. Usai la parola chiave di Anna e la riportai indietro contando.

D: 1... 2... 3... siamo ritornati al tempo in cui viveva Naomi, verso l'ultima parte della sua vita. Cosa stai facendo? Cosa vedi?

La voce di Anna sembrava molto vecchia e stanca, e rimase così per tutta la sessione. Era quasi in contrasto rispetto l'innocente ingenua qualità di voce della tredicenne, la cui storia aveva dominato la maggior parte di questa narrativa.

A: *Sono nel villaggio con le persone malate che hanno la lebbra. Mi sto prendendo cura di loro.*
D: Ti sei mai ammalata per causa loro?
A: *No, no. Sono stata in buona salute per la maggior parte della mia vita. Ho imparato molte cose sulla guarigione. E mi sono auto-protetta.*
D: Questa è una paura comune tra le persone, vero? Hanno paura di poter contrarre quella malattia?
A: *Sì. E la paura è quella che porta la maggior parte delle malattie.*
D: Le persone comuni avrebbero paura di andare in quel villaggio, vero?
A: *Sì. È difficile avere delle persone che si prendano cura dei bisognosi.*

D: All'incirca quanti anni hai ora?

A: *(Sospirando) Ho...sessanta...sessantotto anni (non sembrava sicura)*

D: Quindi hai vissuto parecchio, vero?

A: *(Debolmente) Sì.*

D: Cosa pensi della tua vita?

A: *Sento... sento che sono stata benedetta in molti modi. Sento di essere stata di servizio. E non vedo l'ora di proseguire.*

D: Ti se mai sposata?

A: *No. Ci sono andata molto vicino. Ma non avrebbe funzionato.*

D: Lo hai mai rimpianto?

A: *Per niente. Ho colmato me stessa con altre cose. Io so chi era l'uomo che amavo... sono stata benedetta da quei rari momenti. Ma quello in sé, è stato sufficiente per colmare quella parte della mia vita. Sapevo che avevo altre cose da fare.*

D: Eri veramente dedicata alla tua missione. Sei mai ritornata a trovare i tuoi genitori?

A: *(Sospirando) Oh sì. Inizialmente, quando erano in vita, se ero in pellegrinaggio, poteva essere una volta all'anno. In seguito, tutte le volte che potevo. Poi divenne difficile fare i viaggi. E divenne ancora più difficile trovare persone da istruire a prendere il mio posto.*

D: Quindi hai trascorso la maggior parte del tuo tempo in quel villaggio di lebbrosi?

A: *Molto del mio tempo. Ma c'erano altri villaggi in cui sono andata. Alcuni erano comunità regolari, dove venivano tenute delle riunioni per insegnare le leggi di Dio e la guarigione. Ed altri dove il mio servizio era necessario.*

D: Alcuni di questi villaggi erano grandi?

A: *No. La maggior parte erano piccole comunità dove le persone non riuscivano a ricevere le cure.*

D: Mi domandavo se riuscivo a riconoscere alcuni dei nomi di questi luoghi.

A: *Io ho continuato a ritornare, quando potevo, a Bar-el. Andavo al villaggio di Ramat (pronunciato così) e alla colonia di lebbrosi chiamata Grafna (pronunciato così).*

Non fui sorpresa quando non riuscii a trovare nessuna di queste città nell'atlante dell'odierno Israele. La mia ricerca confermava che c'era un gran numero di piccole comunità in quella zona, i cui nomi (se mai fossero stati registrati) non sono pervenuti, o magari sono cambiati nel corso dei secoli. L'uomo Ebreo che mi aiutava con la ricerca disse che i nomi delle città erano sicuramente ebraici. Bar-el significava "Pozzo di Dio", Beth-sharon (citato prima) significava "Casa delle Rose". Ramat significava "collina" e probabilmente c'era un'altra parola nel nome. Lui non riuscì subito ad identificare Grafna, tranne per il fatto che sicuramente aveva un suono ebraico. Quando raccontai questi fatti ad Anna, lei disse che le facevano venire i brividi dappertutto. Sapeva che questi dettagli non provenivano dalla mente conscia, perché lei non conosceva l' ebraico e non ne aveva sentito parlare nel Tempio che frequentava (il Tempio Ebreo Riformato). Io pensavo, in un primo momento, che ogni Ebreo conoscesse automaticamente l'ebraico, ma suppongo che questo sia altrettanto logico quanto aspettarsi che ogni Cattolico conosca il latino.

D: Ma tu sei rimasta principalmente in quella zona? È corretto?
A: Sì. Divenne più difficile per me viaggiare. E ho trascorso la maggior parte del mio tempo qui, dove sono necessaria.
D: Sei mai andata a Nazareth?
A: Ci sono stata, si.
D: Come è Nazareth? È una città grande?

Stavo cercando di confrontare la descrizione con quella di Katie nel libro Gesù gli Esseni.

A: Era una città piuttosto grande. Strade spaziose e palazzi imbiancati. Un mercato nella vecchia comunità.
D: La zona di Nazareth è come quella di Gerusalemme?
A: È simile ma più piccola. Mi ricordo... mi ricordo la zona centrale dove c'era il mercato... e le persone vanno lì per l'acqua. Fammi pensare. Ci sono delle colline sullo sfondo. Ma è più piccola rispetto all'altra città.
D: Mi domandavo se la campagna che hai dovuto attraversare fosse la stessa.
A: Ah, la campagna lì attorno. È come... vedo delle colline. Vedo... strade polverose. Potrebbe essere simile, sì.
D: Ho sentito di alcuni nomi di luoghi, mi domandavo se tu ci eri stata nei tuoi pellegrinaggi. Conosci Cafarnao? Hai mai sentito parlare di questo luogo?
A: Sì. Cafarnao.
D: È li vicino?
A: Questo... è stato tanto tempo fa. Penso sia distante, fuori da Gerusalemme. Penso sia una cittadina ricca. Mi ricordo di un ricco proprietario terriero là, e vi erano dei problemi. Ma il

mio tempo fu principalmente speso dove ero necessaria e di servizio, in base alle capacità per cui sono stata istruita.
D: Che mi dici del fiume Giordano? Ne hai mai sentito parlare?
A: Oh sì! Il fiume Giordano, sì. (Pausa come se stesse pensando). Questo ... mi ricordo quando ero più giovane e camminavo in questa zona. Era fantastico si. (Questa sembrava una reminiscenza).
D: Hai mai sentito di un posto chiamato Qumran?

Questo era il luogo dove si trovavano la comunità segreta degli Esseni e la scuola del mistero, sulle scogliere sopra il Mar Morto.

A: Ah sì. (Ridacchiò) il Nazareno ... ne ho sentito parlare dal Nazareno. E mi ricordo i miei genitori che ne parlavano. Era una comunità dove venivano seguite certe credenze e c'erano degli insegnamenti. Il Nazareno trascorse del tempo lì.

Fu una conferma quando lei chiamò Qumran una comunità. Era sempre stata chiamata così (persino dagli archeologi) ma non fu mai citata come villaggio o cittadina.

D: Te lo ha detto lui?
A: Mi ricordo che me lo diceva, sì. Me lo raccontava quando mi insegnava la guarigione e come essere di servizio.
D: Cosa ti ha detto a proposito del suo tempo trascorso là?
A: Lui mi ha detto che gli fu insegnato l' antico albero della vita. Mi ha detto che imparò le filosofie e le tecniche di guarigione. Mi ha detto che ha imparato cose che non vengono insegnate nell'educazione normale.
D: Questa è il tipo di comunità dove vengono insegnate questo genere di cose?
A: Sì. Nella scuola. Ma credo che questa comunità abbia una filosofia diversa.
D: Tu pensi che potrebbe essere stato lì, dove ha imparato molte delle cose che faceva?
A: Penso che sia così, sì. Penso anche che lui sia stato eccezionale nel cercare le informazioni che altri studenti potrebbero non aver ricercato, avendo così accesso a materiale che solo alcuni possono avere. Poiché egli era appassionato o cercava risposte che sperimentava dentro di sé.
D: Sembra che gli venissero insegnate cose che la persona media non conosceva. Quella doveva essere un tipo diverso di scuola.

A: Sì. Si insegnava come noi umani viviamo in congiunzione con l'universo e la connessione con tutte le cose. Ed anche il percorso di questo Albero della Vita.

D: Cosa intendi con Albero della Vita?

A: L'Albero della Vita è l'antico mistero della vita che alcune persone avrebbero celato e non più insegnato. Al Tempio tutto ciò non veniva insegnato.

D: Come mai no? Io sono sempre alla ricerca di conoscenza. Non capisco le persone che la nascondono.

A: Perché avrebbero perso il controllo se le persone fossero state in grado di trovare la verità in se stessi. Vale a dire avere una comprensione ed imparare da soli, mantenere il proprio potere e la fede nella connessione con tutte le cose e la loro fonte Divina.

D: Come mai consideravano l'Albero della Vita, qualcosa di cui le persone non dovevano venire a conoscenza?

A: Perché è la verità. Sono i vari percorsi dell'essere, percorsi del corpo e dell'anima di una persona e la sua connessione al sole, alla luna e alle maree. Spiega perché le cose sono così e cosa sono.

D: Penso che siano cose meravigliose da conoscere.

A: Queste cose sono ciò che chiamano "Kaballah"

D: Oh, ho sentito quella parola. Ci deve volere parecchio tempo per impararle.

A: Ci vuole molta dedizione, poiché non è un compito facile assimilare tutte le informazioni ed imparare ad usarle nella vita di ogni giorno. Non si può passare questo tipo di informazione alla persona media, perché è troppo complicata. Quindi bisogna imparare a filtrarla in modi semplificati così da poter essere usata nella vita di ogni giorno e in questo modo, essere al servizio.

D: Lui ha provato ad insegnare ai suoi seguaci alcune di queste cose?

A: Penso lo abbia fatto, con le sue interpretazioni, cosicché noi potessimo capire.

D: Vuoi dire che le ha spiegate in questo modo, così non erano complicate? Sei mai andata a Qumran?

A: No, non ho ricordo di esserci stata, no.

D: Hai mai sentito parlare del Mar Morto?

A: Si, ne ho sentito parlare. Ha un altro nome, ma so di cosa stai parlando.

D: Con quale nome ne hai sentito parlare?

A: *(Molta esitazione mentre cercava di trovare il nome) È*
qualcosa come... Elot's? Elot, forse la pietra di Elot... Elot's?
C'è una spiaggia, mi ricordo.
D: Ho sentito che lo chiamano anche il Mare della Morte e con
molti altri nomi. Come mai lo chiamano così, lo sai?
A: *Non so il perché. (Ridacchia) Non penso di ricordare. Il mar*
Morto? Non mi ricordo se l'ho conosciuto con quel nome,
anche se mi suona familiare, ma non riesco...
D: Va bene. Ero solo curiosa. Quelli sono nomi di luoghi di cui ho
sentito parlare.

Anna disse più tardi dopo il risveglio, che come Naomi, lei
conosceva quei luoghi con nomi differenti. Lei pensò che il Mar
Morto venisse chiamato "Lago di Asfalto". Questo le creava
confusione e non riusciva a trovare i nomi corretti. Ma questo era
perfettamente comprensibile perché stavamo parlando ad una
Naomi invecchiata, che probabilmente non aveva fatto più viaggi
per un bel po' di tempo. A questo punto della sua vita, lei era
dedicata alla cura e alle necessità dei lebbrosi.

Più tardi pensai alla connessione del personaggio Biblico Lot, la
cui storia era certamente associata a Sodoma e Gomorra, le città
che giacciono sommerse sotto le acque del Mar Morto. La pietra
di Elot poteva riferirsi alla leggendaria Colonna di Sale. Potrebbe
essere una possibilità.

Il Lago di Asfalto era anche un altro nome per il Mar Morto a
causa della grande quantità di pece e catrame che si trovava lì. Un
altro nome antico era il mare di Lot.

D: E Bethesda? Ne hai mai sentito parlare?
A: *Bethesda? Questa è nella stessa zona, penso. Sembra essere*
una comunità più piccola. Questi nomi sono tutti familiari, ma
io sono stata lontana dalle cittadine e città più grandi.
D: Pensavo che tu le conoscessi comunque, magari con nomi
diversi. Ma per lo più sei rimasta in un'unica zona allora. Sei
stata in collegamento con alcuni seguaci?
A: *Principalmente dopo la sua morte, molti di loro si sono*
sparpagliati e sono andati per conto loro, poiché temevano
per la propria vita. Vissero nella paura per molti anni e
tornarono a riunirsi nei sotterranei. Io diventai
semplicemente più forte e (sospirando) ascoltai la mia voce
interiore e il centro del cuore, seguii la mia strada. Ho una

sensazione di grande tristezza perché le persone non hanno capito ciò che lui veramente cercava di fare. Questi erano coloro che lui cercava fortemente di raggiungere, ma non riuscirono a gestire la verità dei suoi insegnamenti e di Dio e a capire la manipolazione in atto attraverso i dettami del Tempio e del governo. È molto più facile per le persone accettare le loro vite normali, perché hanno troppa paura di cambiare. Questo modo di vivere non richiede di pensare o di porsi delle domande, quindi proseguono e si adattano. Poiché lui era per il cambiamento, persino quelle persone che erano a suo favore all'inizio, gli si rivoltarono contro, per paura e per sopravvivenza. Io credo che i suoi insegnamenti siano ancora portati avanti da alcuni suoi seguaci. Ma proseguono in isolamento e in riunioni sotterranee private. Hanno vissuto nella paura.

D: Avevano paura che qualcuno li sarebbe venuti a cercare?

A: Sì.

D: Quindi sembra che tu stia facendo più di ciò che Gesù voleva che loro facessero. È corretto?

A: Questo era il mio messaggio personale da parte sua. E questa è la tristezza che le persone non riescono a capire. Lui conteneva... insegnamenti – ah, è difficile parlare alcune volte (la sua voce sembrava stanca e alcune volte le parole erano farfugliate). Lui insegnava la vita nel modo più semplice, nel modo più vero. Questo è il motivo per cui lui percorreva il suo cammino e dava quegli insegnamenti.

D: Credi che la maggior parte delle persone che lo seguivano non sia uscita allo scoperto per cercare di aiutare le persone come facevi tu?

A: Quando loro sono tornati allo scoperto, la situazione era tranquilla, ma essi stessi rappresentavano una fonte di paura per molti e i Romani istigavano tutti contro di loro. I Romani avevano tutto il potere e il controllo e le persone vengono facilmente manipolate attraverso la paura.

D: È difficile per me capire perché avrebbero avuto paura di queste persone.

A: Oh, perché potevano portare avanti alcuni insegnamenti e raccogliere seguaci. E i Romani avrebbero potuto di nuovo avere qualcosa da temere.

D: Sembra che non avrebbero più dovuto avere paura, dopo essersi sbarazzati della persona essenziale.

A: Le sue parole e i suoi insegnamenti continuarono a vivere, anche se erano ancora una volta insegnati in queste riunioni sotterranee. Ma molti dei suoi seguaci non tornarono allo scoperto per molto tempo.

D: Quindi non hai avuto contatti con loro?

A: Ho avuto contatti con alcuni che aiutavano nei villaggi, o che vedevo quando andavo in pellegrinaggio.

D: E quelli che tu chiamavi "discepoli"? Hai mai avuto contatti con loro?

A: (Sospirando) Oh, è stato tanto tempo fa, ma..., sì. Alcuni di loro tenevano ancora riunioni sulle scogliere vicino a Kinnereth. Alcuni cercavano di mantenere vive le parole del Nazareno. Quindi alcuni di loro proseguirono.

D: Ti ricordi qualche nome di discepolo che fece ciò?

A: Mi ricordo che c'era un Simone (pronunciato: Sim-e-on) e ...(riflettendo) Abram (suonava più come A-from). C'era... Pietro.

Tutto ciò veniva detto molto lentamente come se avesse difficoltà a ricordare. Naomi era ora una donna anziana e questi eventi erano apparentemente successi molti anni prima.

D: Costoro sono le persone principali che tu avevi …

A: (Interrompendo) Che io mi ricordo di aver visto di nuovo, sì.

D: Hai sentito parlare di uno dei suoi discepoli che si chiamava "Giuda"?

A: Oh, sì. Quello che lo ha tradito?

D: Sì, credo sia colui di cui le persone parlano di più.

A: Sì, sapevamo di lui prima ancora che tutto accadesse.

D: Davvero?

A: Si, avevo avuto una visione in merito. Sì, sapevamo di lui.

D: Puoi raccontarmi qualcosa? Cosa sapevate?

A: (Con tristezza) Beh, tutto ciò che mi ricordo è l'ultima riunione con il Nazareno e la mia visione. E lui mi disse che era corretta. Anche lui sapeva.

D: Hai detto che sapevi che qualcosa stava per accadergli.

A: Sì, anche lui lo sapeva. Sapeva che c'era una persona, potenzialmente anche più di una e che sarebbero stati influenzati dal denaro e dalla promessa di ricchezza e potere. Coloro i quali, quando fossero stati abbastanza intimiditi, avrebbero creduto ai Romani e potevano dare loro rinforzo.

D: È difficile per me capire come una persona della sua cerchia potesse agire così.

A: Beh, abbiamo il libero arbitrio. E se uno permette alla paura di prendere il controllo, allora non si riesce più a discernere quale sia la verità. Quindi fa parte del piano della loro vita.

D: Avevi incontrato Giuda?

A: Lo incontrai un volta molti, molti anni fa quando viaggiai per la prima volta con il Nazareno.

D: Aveva dato segnali all'epoca di essere una persona del genere?

A: No. Io non ho avuto molti contatti personali, ma non c'erano segnali a quell'epoca.

D: Cosa è successo? Cosa fece?

A: Fu persuaso (sospiro) dai Romani a dare una mano nel creare polemica e suscitare dubbi su questo operatore del miracolo, questo uomo mandato da Dio. Lui accese la rivolta ed istigò i cittadini a diventare violenti.

D: Vuoi dire che è stato una specie di istigatore?

A: Sì.

D: Successe quando il Nazareno fu arrestato?

A: Sì, questo fu tutto organizzato con il suo aiuto.

D: È difficile per me capire. Ha ricevuto qualcosa per averlo fatto?

A: Sì. Ricevette del denaro e un terreno.

D: Cosa accadde a Giuda? Che tu sappia è ancora nei paraggi, o hai mai più sentito parlare di lui?

A: Ho sentito varie storie. Ho sentito che fu assassinato. Ho sentito dire che lui ... non poteva più vivere con se stesso e si era ucciso. Ho sentito molte cose.

D: Quindi non è riuscito a godersi né i soldi né la terra, giusto?

A: No, non proprio. Non riusciva a sopportare ciò che era accaduto. Quando ha dovuto confrontarsi con se stesso, la cosa era diventata insostenibile.

D: Però hai detto che anche il Nazareno aveva avuto delle visioni su quest'uomo e sapeva che gli avrebbe fatto del male in qualche modo.

A: Sì. Lo sapeva... sapeva quale era lo scopo della sua vita. Sapeva perché era venuto qui. Sapeva quando era il momento di ascendere.

D: Quindi non ha provato a fare nulla.

A: Sapeva che c'era un motivo per tutto ciò. Sapeva che era parte del suo piano di vita.

D: Quindi Gesù non ha provato a fermare Giuda in alcun modo. È questo che intendi?

A: Sì, è quello che intendo dire. Lui ha recitato il copione della propria vita, del suo scopo personale per essere qui.

D: Come hai detto, questa doveva essere la decisione di Giuda, il suo libero arbitrio. Penso che tu abbia sentito molte storie durante questi anni da quando il Nazareno è morto. Anche io ho sentito molte storie e non so quale sia vera e quale no.

A: *(Ridendo) Non so se nessuno di noi due lo sa.*

D: Ecco perché volevo chiedertelo, per vedere se tu potevi aver sentito le stesse storie che ho sentito io. – hai mai sentito raccontare storie sulla sua nascita?

A: *Sì. Mi ricordo che i miei genitori ne parlavano. Ero molto giovane e c'erano cose che non capivo. Ma so che sua madre ebbe molti figli. Si pensò che fosse un miracolo che lei potesse concepire un bambino come Gesù. Ma successe e lei partorì. Tutti pensarono che fosse un miracolo. Ma (ridacchiò) temo sia successo nel modo in cui solitamente accade. Il vero miracolo fu il bambino stesso, non la sua nascita.*

D: Quella è l'unica storia che hai sentito sulla sua nascita?

A: *Beh, le persone sembrano pensare che fosse stata una specie di... concepimento divino. Ma io non credo sia così. Avevano provato ad avere figli.*

D: Perché pensi che le persone provino a farlo sembrare come un concepimento divino?

A: *Non so. Penso siano idee costruite o per manipolazione o per potere. Non so per certo. Ma di sicuro era un miracolo di bambino. Eppure penso che possiamo tutti dire di essere stati concepiti da Dio. Siamo tutti figli di Dio. Ci sono stati altri bambini eccezionali.*

D: Questo è ciò che pensavo, ma poiché lui era così straordinario, magari pensavano che avesse avuto una nascita eccezionale.

A: *Sì. Ma so che ci furono anche altri che camminarono sulla terra, con un legame Divino di amore e capacità come aveva lui. Ma lui era... oh, supposizioni costruite su di Lui.*

D: Queste sono alcune delle storie che abbiamo sentito su di lui, che aveva avuto una nascita miracolosa.

A: *(Ridendo) il miracolo sta nel fatto che lei concepì un bambino insolito.*

D: Sì. Ma tuo padre, hai detto, era suo fratello, per via di un'altra donna. È vero? Tuo padre era figlio di Giuseppe con un'altra donna? (Esitava) Ho capito bene?

A: *(Pausa) di Giuseppe... sì... fratellastro, voi dite.*

D: La madre era una madre diversa.

A: *Sì, sì è così.*

D: Questo era capitato prima che lui sposasse la madre del Nazareno?

A: Sì.

D: Quindi suppongo che tuo padre sarebbe stato un po' più vecchio, vero?

A: Sì. Questo è vero, me lo ricordo.

D: Hai mai incontrato la madre del Nazareno?

A: Sì, da bambina, mi ricordo di averla vista. È una memoria vaga. Era una donna semplice (sorrise).

D: Temo che nelle storie che ho sentito, abbiano cercato di deificare la madre, solo perché era la madre di Gesù.

A: Attraverso le mie memorie di bambina, essi erano persone molto semplici. Le loro vite erano molto simili alle vite di altre persone. Non mi ricordo nulla di insolito riguardo lei. Ma questo è solo un ricordo d'infanzia. E lei sembrava una donna comune.

D: E Giuseppe? lo hai mai incontrato?

A: Mi ricordo di averlo visto, ma queste sono memorie vaghe. Dove io li vidi fu in un villaggio mediamente piccolo. Erano impegnati in cose quotidiane. Questa era la vita quotidiana. Lei faceva cose quotidiane. Non mi viene in mente nulla, tranne che facevano tutto ciò che anche gli altri avevano bisogno di fare per poter vivere.

D: Naturalmente questo è stato tanto tempo fa. Ti sto facendo andare indietro di parecchio nel tempo. Quindi non c'è stato nulla che si sia evidenziato particolarmente?

A: No. Erano brave persone. Forse avevano qualche mezzo in più rispetto ad altri, ...non erano poveri. Ma erano nella media. Gesù inseguì le sue credenze nel modo in cui lui lo reputò giusto, ma i suoi genitori continuarono ad allevare i loro figli e vivere la loro vita.

D: Ho sentito anche parecchie cose sui miracoli che faceva il Nazareno. Si dice che lui era in grado di riportare in vita le persone che erano morte. Hai sentito raccontare queste storie?

A: Sì. Ho anche visto le guarigioni, e ho imparato che ci sono delle volte in cui una persona potrebbe essere molto vicino alla morte, dove tutti i segnali vitali sono rallentati ad un punto tale da far sembrare vicina la fine. O magari per qualche minuto se ne è andata. Ma è possibile riportarla indietro, se non è ancora il suo momento. Ho visto anche questo.

D: Lo hai visto fare?

A: Sì, una volta l'ho visto.

D: Mi puoi raccontare quella esperienza?

A: Mi ricordo che questo accadde quando ero nel villaggio di Bar-el. Lui mi stava insegnando, ed io avevo il permesso di

*guardare mentre lui andava di casa in casa. C'era un uomo
ammalato lì e aveva la febbre. Ma non era il suo momento,
credo. Mi ricordo che ero dentro la loro casa e vedevo la
moglie. C'era un bambino piccolo. (Si commosse) e io so che
... Oh è così difficile trovare le parole (piangendo)... è stato
più di un fatto fisico. Io so che lui fu riportato indietro, grazie
alla guarigione del Nazareno e al profondo amore e dedizione
della moglie. Vidi il Nazareno che poneva le mani sull'uomo.
E ho visto che l'uomo riprendeva coscienza. Mi ricordo che
alla moglie avevano detto che era giunto il momento, ma, non
era il suo momento per morire. Lui si riprese dalla febbre
(Tirando su col naso). Io credo che questo fosse il bagaglio
formazione e conoscenze che Gesù aveva di sé, quando si vive
in connessione con la fonte Divina dell'universo nel centro
del cuore. Penso che lui fosse consapevole di ciò che poteva
essere fatto. Ma si trattava anche di verità e credenza di
guarigione dell'altra persona. Doveva esserci da parte del
soggetto, il desiderio di proseguire e continuare in questa
vita.*

D: Pensi che avrebbe potuto fare questo se una persona fosse
morta da tanto tempo?

A: *No. Penso che la persona volesse essere riportata indietro.
Doveva avere ancora qualcosa da fare in questa vita.*

D: Pensi forse che questo sia stato il più grande miracolo che lui
abbia fatto? Riportare in vita le persone?

A: *Penso che ... forse potrebbe essere così. Ma per me vedere le
altre guarigioni, riportare l'integrità o portare la gioia o
riportare l'amore a loro e alla loro famiglia per me era
altrettanto significativo.*

D: Mi domandavo cosa ne pensavi tu. Lui ha fatto così tante cose
meravigliose.

A: *Sì. È difficile da dire, poiché ciascun miracolo che lui ha creato
con l'aiuto di quella persona che veniva curata, era un
miracolo, così come vedere la gioia ritornare sui volti dei
propri cari. Anche questa era guarigione così come il resto.*

D: Sì. Penso che sia meraviglioso che tu abbia potuto conoscerlo,
e apprendere da lui. È stato molto importante e penso che tu
abbia anche fatto molto a modo tuo, aiutando le altre persone.

A: *Ci ho provato.*

D: Il condividere questi insegnamenti con le altre persone. Questo
è molto importante. Penso che tu abbia fatto, in tal senso, un
ottimo lavoro con la tua vita. Bene ora voglio che ti sposti in
avanti nel tempo all'ultimo giorno della tua vita a quell'epoca.

Puoi guardarlo come un osservatore se desideri. Non ti disturberà affatto guardare e raccontami cosa è successo quel giorno.

Il trasferimento fu immediato, non dovetti contare.

A: (Grosso sospiro) So che è il mio momento. Penso di essere esausta e pronta ad andare.
D: Hai vissuto una lunga vita, vero?
A: Sì. Penso che ci siano alcuni con cui ho lavorato che potrebbero prendere il mio posto, lavoreranno nel villaggio e faranno i pellegrinaggi e continueranno. Ma ora io sono fuori dal villaggio, procedo verso questo luogo e mi appoggio seduta contro un albero. Qui è dove solitamente penso o prego o parlo con il Nazareno.
D: Oh? Ti parla ancora lì?
A: Oh sì, posso sentire la sua presenza, non ha importanza dove sono. Ma adesso sono lontana dal villaggio e non sono preoccupata. Sono seduta in pace, e sento veramente la luce ed il calore e la luminosità che si irradia. (Lui mi darà il benvenuto nel prossimo livello)
D: Spostiamoci in avanti quando è già accaduto. Cosa vedi?
A: (Ridendo) Posso farlo. Questo è molto diverso. Riesco a vedere il mio corpo...(ridacchia) mi vedo mentre sono appoggiata contro l'albero, pacificamente seduta.
D: È stata una morte pacifica?
A: Sì, pacifica. Mi sentivo molto stanca. Ho chiuso gli occhi, ed ora sono in piedi che guardo il mio corpo. È successo velocemente. È molto strano, ma è una sensazione meravigliosa.
D: Che altro vedi?

Stava sorridendo e percepivo la felicità che irradiava da lei.

A: Vedo il Nazareno che mi fa cenno di avvicinarmi. Sento che mi dice che sono la benvenuta. E questa è la mia casa ora. E molta gioia e apprendimento mi stanno aspettando. E vedo questo percorso davanti a me. (Ride) Sembra che siamo in un altro pellegrinaggio.
D: Stai andando lungo un sentiero?
A: Lui prende la mia mano. Sembra..., mi sto muovendo molto lentamente. Sembra che io mi stia dirigendo verso un altro villaggio in distanza. È una sensazione di tornare a casa e di

187

essere dove devo essere. Se questa è la morte, allora la morte
è solo un altro pellegrinaggio.
D: Cosa pensi della vita che hai appena lasciato?
A: Oh, sento... sento che ho provato a fare il meglio che potevo.
Ma sono addolorata, addolorata per le persone, le persone di
questo mondo che sono così lente nell'imparare e nel vedere
la verità.
D: Penso che tu abbia imparato molte cose in quella vita, vero?
A: Oh, sono stata così benedetta in quella vita. Sono stata riempita
di amore e di altruismo, e il Nazareno non mi ha mai lasciata.
Credo che lui sia stato la persona che ho amato. E credo
questo sia il motivo per cui non dovevo sposarmi. Poiché ero
colmata da quell'amore e da quella conoscenza, il fatto di
sapere che dovevo fare le cose da sola per poter realizzare il
più possibile.
D: Sembra che sia stata una buona vita. Hai realizzato molte cose.
Sai dove stai andando ora?
A: So solo che sto andando in un luogo che sembra come tornare
casa e dove imparerò.
D: Sembra una cosa bella. Hai avuto una vita molto buona e ti
ringrazio per avere condiviso con me la conoscenza che tu hai
raccolto durante quella vita. Lo apprezzo tantissimo.
A: E io ringrazio te.
D: Bene, ora lasciamo la scena.

Riportai Anna indietro alla piena consapevolezza e Naomi
recedette per l'ultima volta, per non essere più richiamata.

Molti mesi passarono, e quando occasionalmente incontravo
Anna, diceva di essere molto curiosa a proposito dei dettagli della
regressione. Sinceramente aveva provato diverse volte ad
ascoltare i nastri, ma stranamente, non riusciva mai ad andare oltre
un certo limite. Non riusciva ad accettare che quelle parole
provenissero da lei. Troppe emozioni nascoste venivano
risvegliate nel suo profondo. Queste emozioni la obbligavano a
spegnere il registratore. Anna raccontò a poche persone della
regressione, solo a persone di cui si fidava e anche a loro, pur
esitando, raccontò mai l'intera esperienza. Era troppo
profondamente personale per rischiare il ridicolo o l'incredulità,
così la tenne chiusa dentro di sé.

Dopo parecchi mesi le chiesi se si sarebbe sentita più a suo agio
nel leggere le trascrizioni, visto che non sopportava di sentire la

propria voce che diceva queste cose. Aveva il desiderio di farlo, perché la sua curiosità voleva sapere i dettagli. Le diedi le trascrizioni originali direttamente dai nastri. A questo punto fu in grado di leggerle poiché fornivano l'oggettività di cui lei aveva bisogno. Rimuovevano la connessione personale della propria voce e le rendevano simili ad una lettura di un romanzo. Ma anche con questa oggettività, la storia del collegamento di Naomi con Gesù colpì nel segno.

Quando Anna mi restituì le trascrizioni, allegò un breve biglietto: "Ti ringrazio con tutto il mio essere per avermi ridato una parte di me. Un pezzetto che è una parte molto importante del mio cammino per tornare a casa. Le parole sono inadeguate per esprimere il mio apprezzamento. Tu mi hai veramente toccato nel profondo e grazie a te sono cresciuta".

Anna non aveva una formazione artistica, ma disse che occasionalmente era in grado di disegnare o dipingere dei quadri. La vena artistica spesso arrivava in maniera inaspettata. Questo talento poteva forse arrivare da un'altra vita passata che non era stata ancora esplorata. Dopo queste sessioni sul collegamento di Naomi con Gesù, lei inspiegabilmente abbozzò l'immagine a fianco. Lei disse che il disegno assomigliava il più possibile alla sua visione di Gesù.

Le memorie del suo collegamento con Gesù ritornarono nel suo subconscio, e le vite di queste due donne (Mary e Anna) tornarono alla normalità. Ma mi domandai se mai loro esistenze sarebbero veramente tornate come prima. Esse tornarono alle loro vite quotidiane, e le regressioni vennero accantonate. Era stato un interessante interludio e nulla di più. Questo aveva aiutato Mary a capire i problemi che aveva avuto nel relazionarsi con gli uomini nella sua vita presente. Credo che l'esperienza le avesse permesso di capire da dove arrivavano questi sentimenti, e come la stavano inibendo. Lei iniziò una relazione con un amico, e si immerse nel lavoro di assistenza. Questo, e la cura dei suoi giovani bambini erano abbastanza per tenerla pienamente occupata.

La visione di Anna del volto di Gesù mentre usciva dalla trance

Anna era impegnata più che mai con il suo Bed&Breakfast. Lei e suo marito acquisirono anche ulteriori proprietà da affittare che richiedevano la sua attenzione. Nel tempo libero che le rimaneva faceva volontariato in un ospedale per malati terminali e prestava assistenza psicologica ai pazienti e ai loro famigliari. In questo modo io credo che lei permettesse all'amore premuroso ed altruista di Naomi per i malati e ai pazienti vicino alla morte, di filtrare attraverso la sua vita presente. Altre persone mi hanno detto che lavorare nell'ospedale accanto ai malati terminali può essere spesso deprimente, a causa dell'attenzione posta sulla morte imminente. Ma Anna trovava che poter essere di servizio in questo modo, era soddisfacente e di grande valore. Disse che provò a fare lavoro di volontariato in altri settori, ma nulla la faceva sentire così realizzata come con i pazienti terminali. Aveva trovato la propria nicchia in questo lavoro.

Pertanto io credo che l'influenza di un collegamento con Gesù fosse ancora attiva nelle vite di queste due donne, anche se ad un livello subconscio che non avrebbero prontamente riconosciuto. Io credo che abbiano trattato queste regressioni in maniera matura e sana. Loro ci hanno restituito una porzione di Storia, grazie alle memorie di questa connessione che era trasportata, nascosta, in un angolo segreto del loro subconscio. Io credo che lo scopo ultimo delle regressioni in questo libro, come in Gesù e gli Esseni, sia di restituire a noi il Gesù originale. Mostrarci come lui era veramente. Ho sempre sentito che doveva aver avuto qualcosa di veramente differente e speciale per aver fatto sì che le sue gesta sopportassero la prova del tempo. Ma fino a queste regressioni, non avevo veramente afferrato cosa era quel qualcosa.

Mentre ero seduta nella stanza semibuia e ascoltavo le donne in trance sul letto che rivivevano queste storie, ebbi uno spaccato della vera personalità di Gesù, l'incredibile carisma dell'uomo e l'estrema gentilezza. Non ho mai sentito prima tanto amore emanare da un essere umano. Mentre Mary ed Anna raccontavano dei loro incontri, l'amore nelle loro voci diceva tutto. Io sedevo lì sulla mia sedia e permettevo a questa incredibile sensazione di inondarmi, e cercavo di assorbirla come per osmosi. Mi sembrava come di essere in sua presenza, e mi resi conto del perché lui aveva l'effetto che aveva sulle persone. Non potevi essere in sua presenza e non amarlo.

Prima di iniziare a scrivere il libro, feci sentire parte di nastri ad un uomo, e fu visibilmente commosso anche dalle parole delle due donne. Io sospirai e dissi, "adesso, come caspita faccio a trasferire quella sensazione sulla carta?" Lui rispose, con uno sguardo lontano, "Ci devi provare". Quindi questo è ciò che ho fatto.
Ho fatto il tentativo, per quanto possibile, di trasferire quell'emozione attraverso le parole scritte sulla carta. Penso che

per chiunque che non sia stato in questa situazione, non sarà mai facile capire l'arduo compito che mi fu affidato.

Sento di essere stata privilegiata nel partecipare a questi momenti della Storia, e so che ho un impegno nel cercare di portarli all'umanità. Spero di essere riuscita a rivelare Gesù come un essere umano premuroso, gentile, che fu in grado di sviluppare ed applicare i talenti che noi tutti abbiamo silenti dentro di noi. Un uomo il cui amore per le persone della Terra non conobbe limiti.

ADDENDUM

Alcune delle verifiche più inaspettate del materiale dei miei libri spesso provengono dai miei lettori. Loro trovano cose che io non riuscirei mai a scovare nelle mie ricerche. Ciò che segue fa parte di una lettera che ricevetti nel 1997.

"Ho delle informazioni che potrebbe trovare interessanti a proposito della regressione di Anna come Naomi. Lei chiedeva a Naomi i nomi delle città dove aveva viaggiato allo scopo di aiutare i lebbrosi e le persone povere. Lei ha evidenziato che dopo aver controllato non era stata in grado di trovare i nomi delle città. Ma io ho ricordato di avere diverse mappe della Terra Santa sul retro della mia Bibbia intitolata "la traduzione delle Scritture Sacre del Nuovo Mondo", quindi ho controllato le città. Tenendo a mente che le parole che lei ha scritto erano come si pronunciavano, quando le ho ricercate, questo è ciò che ho trovato:

Bethsharon - C'è una piccola città chiamata "Beth-haron" non distante a nord di Gerusalemme.

Ramat - Nella stessa zona di base c'è una piccola città chiamata "Ramah"

Grafna - anche lì vicino c'è "Gophna".

Bar-el - Un po' più a nord di queste piccole cittadine c'è una città chiamata "Ba'al-hazor". (l'apostrofo nelle parole solitamente significa che una lettera è stata tolta. Potrebbe averla chiamata Ba'al per abbreviare)

Abraham - Lei ha detto che pronunciava il nome A-from. Un nome comune nella zona era Ephraim, che viene pronunciato nel medesimo modo. E sembra che ci sia un'altra piccola città tra Gophna e Ramah che si chiama Ephraim.

Tutte queste cittadine sono nelle vicinanze di Bethel, non tanto distante a nord di Gerusalemme.

È inutile dire che sono immensamente grata al mio lettore per avermi fornito questa informazione poco conosciuta.

Bibliography

Anderson, Jack, "What Did Christ Really Look Like?" *Parade*, April 18, 1965, pp 12-13

Bailey, Albert Edward, *Daily Life in Bible Times*, Charles Scribers's Sons, New York, 1943

Bammel, Ernst, and Moule, CFD, *Jesus and the Politics of His Day*, Cambridge Univ. Press, Cambridge, 1984

Bennett, Sir Rosdon, *The Diseases of the Bible*, Vol. IX, By-Paths of Bible Knowledge Series, The Religious Tract Soc, London, 1891

Bouquet, AC, *Everyday Life in New Testament Times*, Charles Scribners' Sons, New York, 1954

Dalman, Gustaf, *Sacred Sites and Ways*, MacMillan Co, New York, 1935, translated from German by Levertoff, Paul

Finegan, Jack, *Light From the Ancient Past*, Princeton Univ. Press, Princeton, NJ, 1946

Hollis, FJ, *The Archaeology of Herod's Temple*, JM Dent and Sons, London, 1934

Jeremias, Joachim, *Jerusalem in the Time of Jesus*, SCM Press, London, 1969. Translated from German by FH and CH Cave

'Jerusalem', *Collier's Encyclopedia*, 1962, edn, Vol 13, pp 554-549

Kaufman, Asher, 'A Note on Artistic Representations of the Second Temple of Jerusalem', *Biblical Archaeologist*, Vol 47, Dec. 1984, pp 253-254

King, Rev. J, *Recent Discoveries of the Temple Hill at Jerusalem*, Vol. III, By-Paths of Bible Knowledge Series, The Religious Tract Society, London, 1891

Kingsbury, Jack Dean, 'The Developing Conflict Between Jesus and the Jewish Leaders', *Catholic Biblical Quarterly*, Vol. 49, Jan. 1987, pp 57-73

'Leprosy', *Collier's Encyclopedia*, 1962 edn, Vol. 14, pp 515

MacAlister, RAS, 'The Topography of Jerusalem', Vol. III, *The Cambridge Ancient History Series,* Cambridge Univ. Press, 1970, pp 333-353

Merrill, Rev. Selah, *Galilee in the Times of Christ*, Vol. V, By-Paths of Bible Knowledge Series, The Religious Tract Society, London, 1891

Metaphysical Bible Dictionary, Unity School of Christianity, Lee's Summit, MO, 1958

Oesterreicher, Msgr. John M, and Sinai, Anne, *Jerusalem*, John Day Co, New York, 1974

Watson, Colonel Sir CM, *The Story of Jerusalem*, JM Dent and Sons, Ltd., London, 1918

Wright, G Ernest, *Biblical Archaeology*, Gerald Duckworth and Co., Ltd., London, 1957

Sull'Autore

Dolores Cannon, ipnoterapeuta regressiva e ricercatrice spirituale che registra la conoscenza "Persa", nasce nel 1931 a Saint Louis Missouri. Studia e vive nel Missouri fino al suo matrimonio nel 1951 con un uomo di carriera della Marina. Trascorre i successivi 20 anni viaggiando in tutto il mondo come tipica moglie di un ufficiale di Marina occupandosi della famiglia.

Nel 1968 ha il suo primo contatto con la reincarnazione per mezzo dell' ipnosi regressiva quando suo marito, ipnotista dilettante, si imbatte in una vita passata mentre sta lavorando con una donna che ha problemi di peso. A quell'epoca, l'argomento delle "vite passate" è poco ortodosso e pochissime persone sperimentano in quel campo. Questo accende il suo interesse, ma deve metterlo da parte per dare precedenza alle necessità famigliari.

Nel 1970 suo marito viene congedato come veterano disabile, e si ritirano sulle colline dell'Arknsas. Lei quindi incomincia la sua carriera di scrittrice ed inizia a vendere i suoi articoli a varie riviste e giornali. Quando i suoi figli incominciano le loro proprie vite, il suo interesse per l'ipnosi regressiva e la reincarnazione si risveglia. Studia vari metodi di ipnosi e poi svilppa la sua tecnica, unica, che permette di ottenere il più efficace rilascio di informazioni dai suoi soggetti. Dal 1979 ha mandato in regressione e catalogato informazioni ottenute grazie a centinaia di volontari. Nel 1986 ha allargato le sue ricerche nel campo degli UFO. Ha condotto studi sul campo di sospetti atterraggi UFO, e investigato sui Cerchi nel grano in Inghilterra. La maggior parte del suo lavoro in questo campo è stato l'accumulo di evidenza da parte di sospetti addotti attraverso l'ipnosi.

I suoi libbri pubblicati includono Conversazioni con Nostradamus Volumi I,II,III – Gesù e gli Esseni – Camminavano con Gesù – tra la morte e la vita – un'anima ricorda Hiroscima – i Guardiani del giardino - Eredità dalle stelle - La leggenda di un incidente stellare - I Custodi.

Parecchi dei suoi libri sono ora disponibili in diverse lingue.
Dolores ha quattro figli e quattordici nipoti che la tengono solidamente in equilibrio tra il mondo "reale" della sua famiglia e il mondo "non visibile" del suo lavoro.

Se desiderate corrispondere con Ozark Mountain Publishig, Inc. sul suo lavoro, potete scrivere al seguente indirizzo. (Allegare busta affrancata e con destinatario per la risposta). Potete anche corrispondere attraverso il nostro sito Web.

Ozark Mountain Publishing, Inc.
P.O. Box 754
Huntsville, AR 72740
WWW.OZARKMT.COM

Other Books by Ozark Mountain Publishing, Inc.

Dolores Cannon
A Soul Remembers Hiroshima
Between Death and Life
Conversations with Nostradamus,
    Volume I, II, III
The Convoluted Universe -Book One,
    Two, Three, Four, Five
The Custodians
Five Lives Remembered
Jesus and the Essenes
Keepers of the Garden
Legacy from the Stars
The Legend of Starcrash
The Search for Hidden Sacred Knowledge
They Walked with Jesus
The Three Waves of Volunteers and the
    New Earth
Aron Abrahamsen
Holiday in Heaven
Out of the Archives – Earth Changes
James Ream Adams
Little Steps
Justine Alessi & M. E. McMillan
Rebirth of the Oracle
Kathryn/Patrick Andries
Naked in Public
Kathryn Andries
The Big Desire
Dream Doctor
Soul Choices: Six Paths to Find Your Life
    Purpose
Soul Choices: Six Paths to Fulfilling
    Relationships
Patrick Andries
Owners Manual for the Mind
Cat Baldwin
Divine Gifts of Healing
Dan Bird
Finding Your Way in the Spiritual Age
Waking Up in the Spiritual Age
Julia Cannon
Soul Speak – The Language of Your Body
Ronald Chapman
Seeing True
Albert Cheung
The Emperor's Stargate
Jack Churchward
Lifting the Veil on the Lost Continent of
    Mu
The Stone Tablets of Mu
Sherri Cortland

Guide Group Fridays
Raising Our Vibrations for the New Age
Spiritual Tool Box
Windows of Opportunity
Patrick De Haan
The Alien Handbook
Paulinne Delcour-Min
Spiritual Gold
Holly Ice
Divine Fire
Joanne DiMaggio
Edgar Cayce and the Unfulfilled Destiny
    of Thomas Jefferson Reborn
Anthony DeNino
The Power of Giving and Gratitude
Michael Dennis
Morning Coffee with God
God's Many Mansions
Carolyn Greer Daly
Opening to Fullness of Spirit
Anita Holmes
Twidders
Aaron Hoopes
Reconnecting to the Earth
Victoria Hunt
Kiss the Wind
Patricia Irvine
In Light and In Shade
Kevin Killen
Ghosts and Me
Diane Lewis
From Psychic to Soul
Donna Lynn
From Fear to Love
Maureen McGill
Baby It's You
Maureen McGill & Nola Davis
Live from the Other Side
Curt Melliger
Heaven Here on Earth
Henry Michaelson
And Jesus Said – A Conversation
Dennis Milner
Kosmos
Andy Myers
Not Your Average Angel Book
Guy Needler
Avoiding Karma
Beyond the Source – Book 1, Book 2
The Anne Dialogues

For more information about any of the above titles, soon to be released titles,
or other items in our catalog, write, phone or visit our website:
PO Box 754, Huntsville, AR 72740
479-738-2348/800-935-0045
www.ozarkmt.com

Other Books by Ozark Mountain Publishing, Inc.

The Curators
The History of God
The Origin Speaks
James Nussbaumer
And Then I Knew My Abundance
The Master of Everything
Mastering Your Own Spiritual Freedom
Living Your Dram, Not Someone Else's
Sherry O'Brian
Peaks and Valleys
Riet Okken
The Liberating Power of Emotions
Gabrielle Orr
Akashic Records: One True Love
Let Miracles Happen
Victor Parachin
Sit a Bit
Nikki Pattillo
A Spiritual Evolution
Children of the Stars
Rev. Grant H. Pealer
A Funny Thing Happened on the
    Way to Heaven
Worlds Beyond Death
Victoria Pendragon
Born Healers
Feng Shui from the Inside, Out
Sleep Magic
The Sleeping Phoenix
Being In A Body
Michael Perlin
Fantastic Adventures in Metaphysics
Walter Pullen
Evolution of the Spirit
Debra Rayburn
Let's Get Natural with Herbs
Charmian Redwood
A New Earth Rising
Coming Home to Lemuria
David Rivinus
Always Dreaming
Richard Rowe
Imagining the Unimaginable
Exploring the Divine Library
M. Don Schorn
Elder Gods of Antiquity
Legacy of the Elder Gods
Gardens of the Elder Gods
Reincarnation...Stepping Stones of Life
Garnet Schulhauser
Dance of Eternal Rapture

Dance of Heavenly Bliss
Dancing Forever with Spirit
Dancing on a Stamp
Manuella Stoerzer
Headless Chicken
Annie Stillwater Gray
Education of a Guardian Angel
The Dawn Book
Work of a Guardian Angel
Joys of a Guardian Angel
Blair Styra
Don't Change the Channel
Who Catharted
Natalie Sudman
Application of Impossible Things
L.R. Sumpter
Judy's Story
The Old is New
We Are the Creators
Artur Tradevosyan
Croton
Jim Thomas
Tales from the Trance
Jolene and Jason Tierney
A Quest of Transcendence
Paul Travers
Dancing with the Mountains
Nicholas Vesey
Living the Life-Force
Janie Wells
Embracing the Human Journey
Payment for Passage
Dennis Wheatley/ Maria Wheatley
The Essential Dowsing Guide
Maria Wheatley
Druidic Soul Star Astrology
Jacquelyn Wiersma
The Zodiac Recipe
Sherry Wilde
The Forgotten Promise
Lyn Willmott
A Small Book of Comfort
Beyond all Boundaries Book 1
Stuart Wilson & Joanna Prentis
Atlantis and the New Consciousness
Beyond Limitations
The Essenes -Children of the Light
The Magdalene Version
Power of the Magdalene
Robert Winterhalter
The Healing Christ

For more information about any of the above titles, soon to be released titles,
or other items in our catalog, write, phone or visit our website:
PO Box 754, Huntsville, AR 72740
479-738-2348/800-935-0045
www.ozarkmt.com

www.ingramcontent.com/pod-product-compliance
Lightning Source LLC
Chambersburg PA
CBHW051959090426
42741CB00008B/1465